世界子守唄紀行

子守唄の原像をたずねて

鵜野祐介

藤原書店

世界子守唄紀行　目次

本書関連地図

本書で“子守唄”をとりあげた国や地域の名前をあげました。

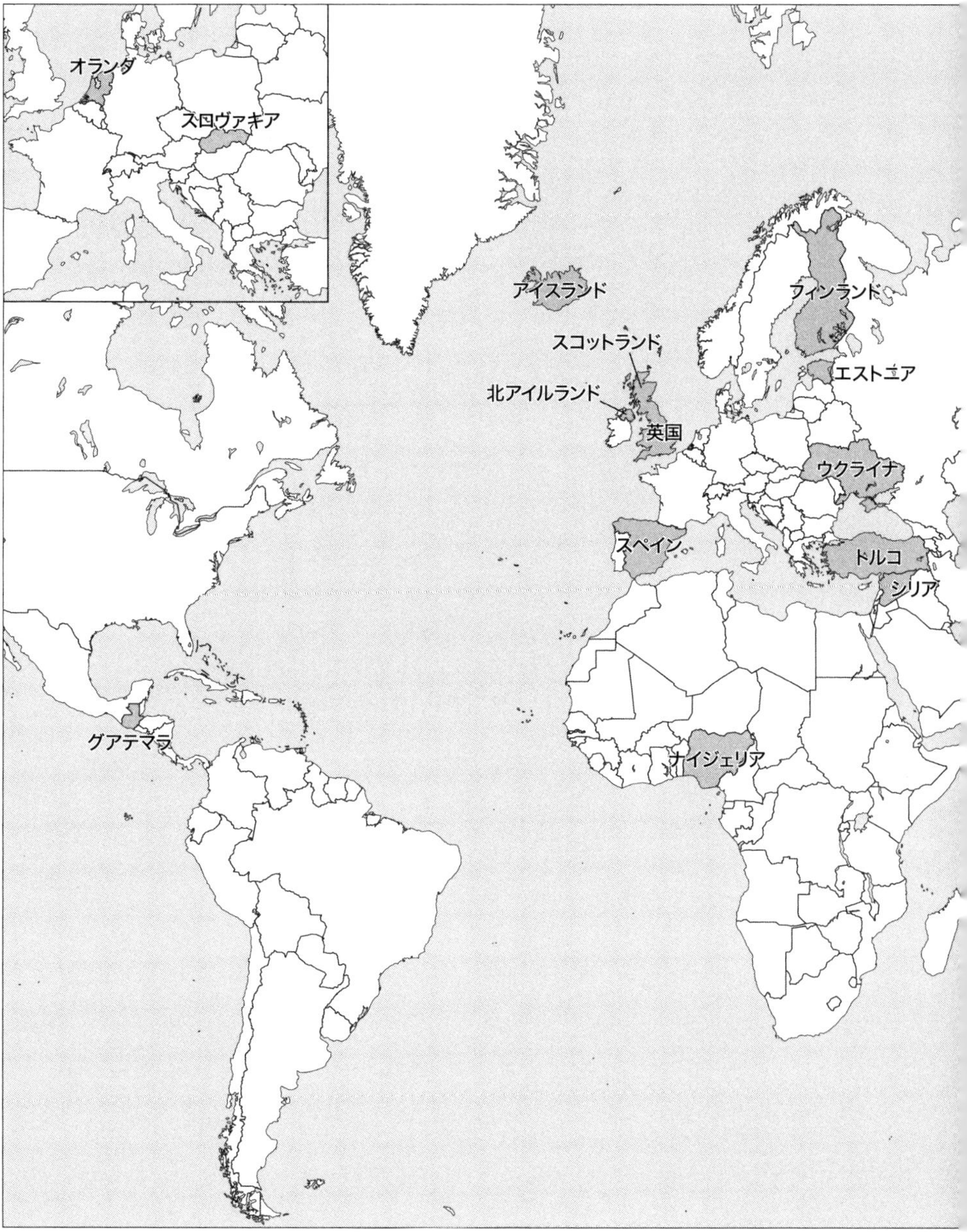

オランダ
スロヴァキア
アイスランド
フィンランド
スコットランド
エストニア
北アイルランド
英国
ウクライナ
スペイン
トルコ
シリア
グアテマラ
ナイジェリア

世界子守唄紀行

子守唄の原像をたずねて

プロローグ

「ねむれねむれ　母の胸に　ねむれねむれ　母の手に　こころよき　歌声に　むすばずや　楽しゆめ」――。フランツ・シューベルトが作曲した「子守歌（Wiegenlied）」です（作詞者不明）。ここに掲げた日本語作詞は、サン＝テグジュペリ『星の王子様』の訳者として有名な内藤濯《あろう》です。

皆さんは、「子守うた」と聞けば思い浮かべるうたは何でしょうか？　もしも世界じゅうの人びとにアンケートを取ってみることができたら、おそらくベスト3に入る得票数を取るのが、このシューベルトの「子守歌」ではないでしょうか？　母親が幼な子を胸に抱いて、その子が楽しい夢を見るようにと優しい声で歌い聞かせる――、内藤が描いたこのような場面は、「子守うた」の原風景であり、多くの人びとが共通して抱くユートピア（理想郷）の世界であると言えるかもしれません。

もちろん、現実の世界でも、幼な子を目の前にして安らかな気分に満たされて、自然と口ずさんでしまう優しい歌声が「子守うた」になることもあるでしょう。けれども、そんな気分にはとてもなれない時にも、「子守」の仕事は待ったなしです。子どもが眠ってくれたら、他の用事に取り掛かることができるのにと、苛立ちを何かにぶつけたくなることもあるでしょう。そんな「子守」の担い手が、実際にその時々の喜怒哀楽を「うた」に託して表現したもの、それを「子守うたの原像」と呼んでみたいと思います。

そこには、一人の歌い手で終わってしまうものもあれば、まわりの人びとや次の世代へと伝わっていき、やがて誰が作ったのか、歌い始めたのかも分からなくなっているものもあるでしょう。民俗学ではこのような作者不詳の伝承のものを「唄」、作者が特定されるものを「歌」、両方を含むものを「うた」として表記することがあり、ここでもこれに従って記します。

本書では、私自身が世界各地で出会ったものや、私が知り合った外国人留学生から聞かせてもらったものを主な手がかりとして、「子守唄の原像」をたずねていきます。そこには、最初にあげたシューベルトの「子守歌」のような、ユートピア世界を描いているものもあれば、現実世界を赤裸々に描いているものもあります。どちらも、歌い手にとって大切なオルゴールのような存在だったのではないでしょうか。

世界各地の子守唄には、それぞれの国や地域や民族の、社会や歴史が刻み込まれていることに気づかされます。そうした多様性や独自性を知ることができるのです。それと同時に、時代を超え、国境や言葉の壁を越えた、人間の文化としての共通性や普遍性を発見することもできるでしょう。

かたい話はこのぐらいにして、まずは実際に、子守唄を味わってみて下さい。楽譜を付けていますので、できればキーボードを傍においてまずは弾《ひ》いてみて、それからハミングで繰り返し口ずさんでみて下さい。きっと、時空を超える旅を楽しむことができるに違いありません。

第1回　旅のはじまり――子守唄の原像をたずねて

「カドー・ハチャー・ミー（＝私は眠れない）」との出会い、それが旅のはじまりでした。一九九二年七月、英国（イングランド、スコットランド、ウェールズ、北アイルランドの連合王国の略称）スコットランド西部に連なるヘブリディーズ諸島のひとつ、バラ島を訪れた私は、かつて「バラ島の歌姫」と現地の人びとに呼ばれていた八十代の女性モーラク・マッコウレイさんから、英語とは言語体系の異なるケルト系言語・ゲール語で歌われた子守唄「カドー・ハチャー・ミー」をお聴きしたのです。その時、歌詞の意味は全く分かりませんでしたが、かつてフォークグループ赤い鳥がヒットさせた「竹田の子守唄」に似たメロディは、どこか懐かしさを感じさせる、不思議な魅力を湛《たた》えていました。

旅から戻って資料に当たってみると、この唄は次のような内容の歌詞でした。「私

スコットランド・バラ島の風景

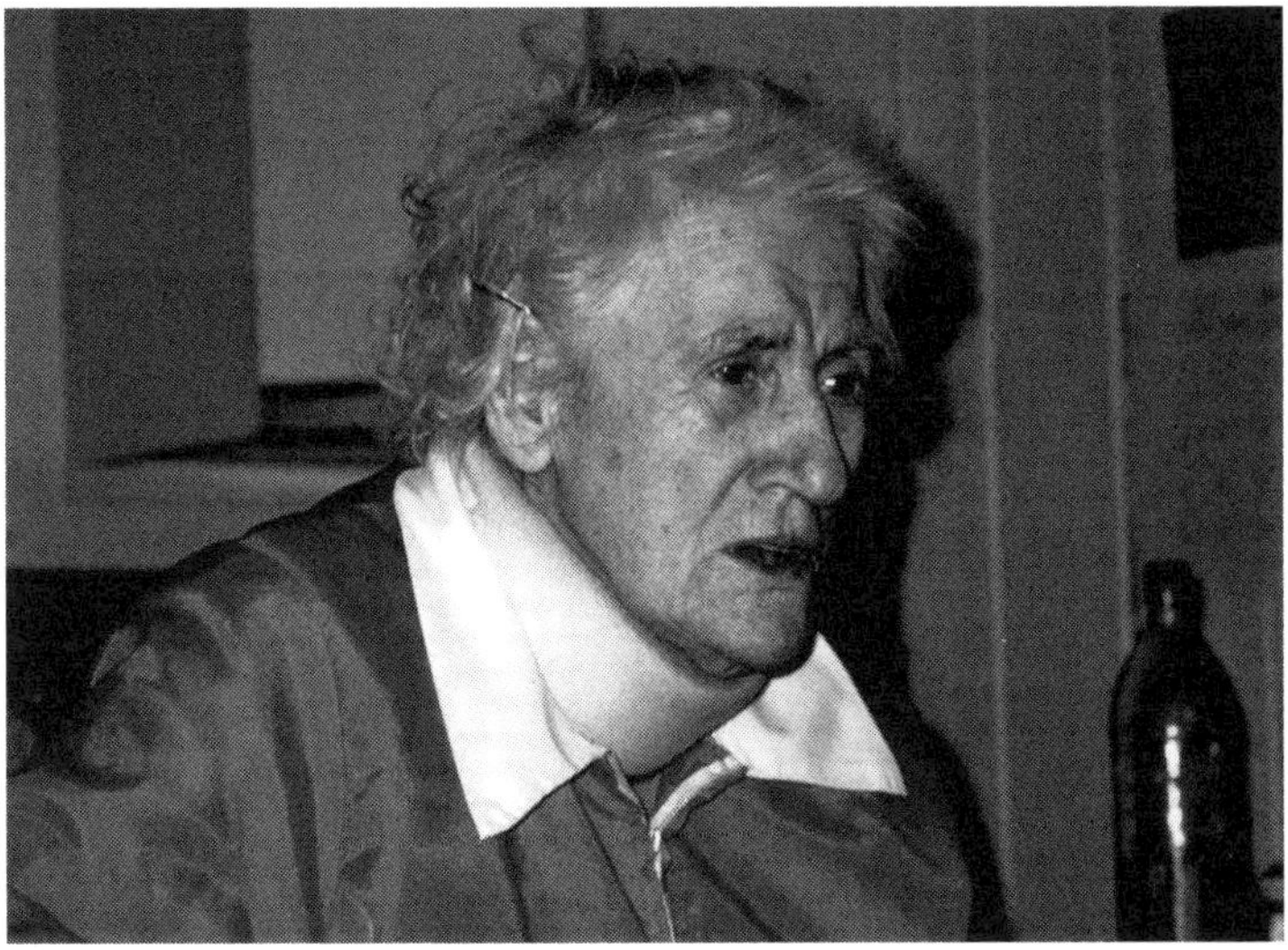

「バラ島の歌姫」と呼ばれたモーラク・マッコウレイさん

「カドー・ハチャー・ミー」

赤い鳥版「竹田の子守唄」

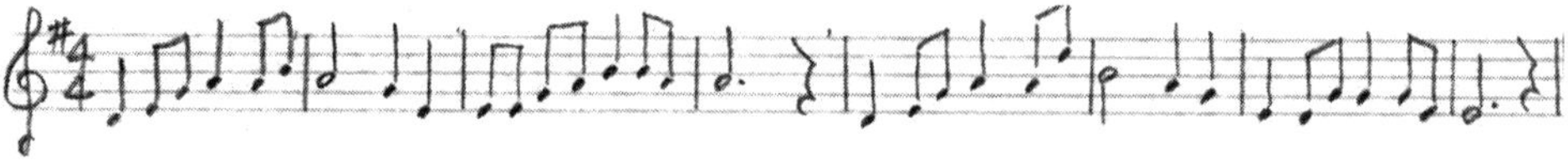

は眠れない。大切なあの人が帰ってこないから。私の愛する人は、島じゅうの娘たちが憧れる若い船乗りだった。けれどあの夜、時化《しけ》のために難破した船から、乗組員たちを助け出した後、彼はそのまま戻ってこなかった。だから今夜も、私は眠れない」。つまりこの唄は一種の弔《とむら》い唄（挽歌《ばんか》）であり、恋唄（相聞歌《そうもんか》）だったのです。

子守唄といえば、「幼い子どもを安らかに眠らせるための愛らしい唄」のはず。にもかかわらずこの唄が現地の人びとによって「子守唄」として伝承されてきたのはなぜだろう？　そんな疑問がわいてきました。そしてさらに調べていくと、他にも実にさまざまな内容の歌詞を持つ子守唄が見つかってきました。

「あなたのお父さんが誰なのか、神様だけが知っている」とつぶやく十七歳のシングルマザーが歌う唄、人間に姿を変えた空想上の生き物・水馬が、人間の娘と結婚し子どもも生まれた後に、自分の正体を知った妻に人間の世界へと去られ、幼な児を抱えて「愛しい人よ、美味しい鮭を獲ってきてあげるから戻ってきておくれ」と嘆く唄、夫の在宅中にそうとは知らず窓辺にやってきた不倫の相手に「今夜はダメよ」と告げる妻の唄、アル中の夫がパブに行ったまま戻ってこないのを嘆く唄、等々。

ところで、日本には「五木《いつき》の子守唄」や「竹田の子守唄」をはじめ、子守奉公に雇われた少女が守《も》り仕事のつらさを嘆き、わが身の現在と将来を憂い、寝ない子を脅す残酷な歌詞を含む、「守り子唄」と呼ばれる唄がたくさんあります。従来の研究者が、江戸中期以降の貨幣経済の発達と貧富格差の拡大に伴って生まれた「子守奉公」の制度に結びつけて、わが国の特殊な歴史的事情によって「守り子唄」は誕生したと解釈してきました。ところが、子守奉公の制度が存在しなかったスコットランドにも、日々の生活を嘆き、将来を憂い、寝ない子を脅す残酷な歌詞を含む子守唄は数多く伝承されています。またその旋律も、歌詞の内容を反映してか、翳《かげ》りを帯びた哀感あふれるものが多いのです。

いったい人はなぜ子守唄を歌い継《つ》いできたのか。そしてまた、はるか遠く離れた英国スコットランドと京都市竹田によく似た子守唄があるのはなぜなのか？　これから三十回にわたって、人びとが歌い継いできた実際の子守唄、つまり「子守唄の原像」をたずねて旅路を歩みながら、この二つの問いについて想いをめぐらせてみたいと思います。

第2回　英国スコットランド　その一――ブレッセイ島の魔除けの子守唄

一九九二年の夏の終わり、英国の北部に位置するスコットランドの最北端にあるシェトランド諸島に出かけました。降り立った小さな空港に「国際便搭乗口」があることにまず驚きましたが、それはノルウェーとの定期便が就航しているためでした。バイキングの遺跡が島のあちこちに見られましたし、かつては捕鯨も盛んだったといいます。到着早々、北欧世界に来ていることを実感させられました。

トーベ・ヤンソンの「ムーミン」シリーズでも有名な「トロール」は北欧を代表する妖精ですが、シェトランドでは「トロウ」と呼ばれます。トロウは背が低くて太っちょ、赤ら顔でボサボサの髪といった姿をしており、音楽と踊りが大好きで、丘の洞穴の家で夜ごとパーティを開いているといわれます。島に着いた日の夜、シェトランド諸島で一番大きな町レイウィックで開かれたアマチュア演奏家たちのフィドル（＝

レイウィックで開かれた、フィドル・コンサート。
右端の男性が翌朝会ったフェリー乗務員（?）

ヴァイオリン）・コンサートを聴きに行ったら、ピアノ伴奏をしていた中年男性のことを、「実は、彼はトロウなんです」と司会者が紹介して大爆笑を買っていましたが、彼はまさしくその姿でした。

翌朝、レイウィックからフェリーに乗り、今回の旅の目的地ブレッセイ島へ向かいました。乗船して間もなく、ロープを手繰り寄せている、長身で痩せぎすの初老の船員が目に留まりました。「もしかして、昨夜フィドルを弾いておられませんでしたか？」という僕の質問に、彼はウィンクしてニッコリ笑いました。ピアノを奏でる妖精に、フィドルを奏でるフェリー乗務員、もしかしたらこのフィドル弾きも妖精かもしれません。

三十分もするとブレッセイ島に着きました。その波止場から二十分ぐらい歩いて、丘の中腹に立つサザランド夫人の家を訪ねました。彼女の母親スミス夫人が二十世紀半ばにこの島で採集し記録に残した子守唄、「ブレッセイの子守唄」を聴かせてもらうためです。八月にもかかわらず、薪《まき》の代わりにピート（泥炭）を燃やし温かくした部屋で、サザランド夫人はにこやかに出迎えてくださいました。そして念願の「ブレッセイの子守唄」を聴くことができたのです。

バルーバリリー　バルーバリリー　あっちへ行け　ちっちゃな妖精たち

「ブレッセイの子守唄」

あっちへ行け　ちっちゃな妖精たち　私の坊やのもとから

最初の「バルーバリリー」は、なにやら呪文のようにも聞こえます。それから妖精たちに対して、自分の赤ん坊のもとから立ち去るよう呼びかけています。ここで歌われる妖精は、「ピーターパン」のティンカーベルのような愛らしい妖精ではなく、幼い子どもを連れ去ろうと隙をうかがう恐ろしい存在なのです。この子守唄の背景には、スコットランドをはじめヨーロッパ各地に広く伝承される俗信「取り替え子」があります。妖精が人間の赤ん坊をさらっていったり、さらった赤ん坊の代わりに醜い姿をした妖精自身の子どもを置いていったりするというのです。つまり、「ブレッセイの子守唄」は、妖精による「取り替え子」に遭わないための、「魔除けの子守唄」だったと考えられます。

ここシェトランドには、そんな子守唄がごく自然に歌われる気配が感じられました。

第3回　エストニア――眠りの精の子守唄

前回に引き続き、妖精や精霊が登場する子守唄をご紹介します。二〇一三年六月下旬、北欧のバルト三国に出かける機会があり、エストニアの首都タリン郊外にあるエストニア野外博物館を訪ねました。

この日はちょうど土曜日で、フォークダンスのコンサートを観ることができました。地元近隣の住民とおぼしき、民族衣装を身にまとった三十名余りの男女が、伝統家屋前の広場に集まっていました。小学生ぐらいの子どもたちも交じっており、アコーディオン、ヴァイオリン、ベースの調べに乗せて、みんな軽やかなステップを踏んで舞い踊って見せてくれました。途中、見物客も踊りの輪の中に招いてくれ、私も夏至祭の夜を踊り明かす農夫の気分を、束の間ながら味わうことができました。

コンサートの後、ソロヴォーカルを担当していた女性に、「エストニアの伝承子守

「アイヤー　トゥーヤー」

唄を歌ってくれませんか」とリクエストしたら、親切にも歌ってくださった。それが次の子守唄です。

アイヤー　トゥーヤー　ラセキケ　カイヤー
（ねんねん　ねんねん　ゆりかご　揺らそう）
アイヤー　トゥーヤー　ラセキケ　カイヤー
（ねんねん　ねんねん　ゆりかご　揺らそう）
アートゥラ　ラースター　トゥリムリ　バースター
（眠りの精が　やってくる）
ケーッピカ　コッテセリャ　スリャトス　リャー
ラース
（大きな袋を　背中にかついで）
アイヤー　トゥーヤー　ラセキケ　カイヤー
（ねんねん　ねんねん　ゆりかご　揺らそう）
アイヤー　トゥーヤー　ラセキケ　カイヤー
（ねんねん　ねんねん　ゆりかご　揺らそう）

エストニア野外博物館でのフォークダンス風景

ゆりかごを揺らすのに都合のいい四分の二拍子、シンプルな短音階に乗せて、あやし言葉と単純な言葉が繰り返されます。ここに登場するのが、サンタクロースのような、大きな袋を背中に担いだ「眠りの精（スリーピング・マン）」です。

ヨーロッパ各地に、「眠りの精」が枕元にやってきて「眠りの世界」へ連れていってくれるという俗信があります。ドイツでは「小さな砂男」、ロシアでは「すやすやさん」などと呼ばれ、英国では「ウィリー・ウィンキー」、ノルウェーでは「ちっちゃなオーレ」など、名前がついている妖精もいます。

なかなか寝ようとしない子どもたちを寝かしつけるのにぴったりの妖精たちと言えるでしょう。いい夢を見られますように！

第4回　フィンランド――「カレワラ」の中の子守唄

前回ご紹介したエストニアから、バルト海をはさんだ北隣りにある、森と湖の国フィンランド。トーベ・ヤンソンの童話『ムーミン』シリーズの故郷でもあるこの国は、十九世紀半ば、リヨンロットという医師によって収集・復元された、長大な民族叙事詩「カレワラ」をはじめとする伝承文学の宝庫でもあり、説話学や民俗学の研究で世界をリードしてきました。

私もこれまで何度かこの地を訪れてきましたが、そのたびにいつも感じるのは、野外はもとより、デパートやヘルシンキ中央駅のような大勢の人びとが行き交う建物の中でも、どこかひっそりとした静けさが漂っていることです。

この国では、たとえその姿は見えなくても、物陰や部屋の隅に隠れている妖精に「うるさい」って思われないよう、声を落として話さないといけない、そんなことがガイ

「糸紡ぎ唄と子守唄（後半）」

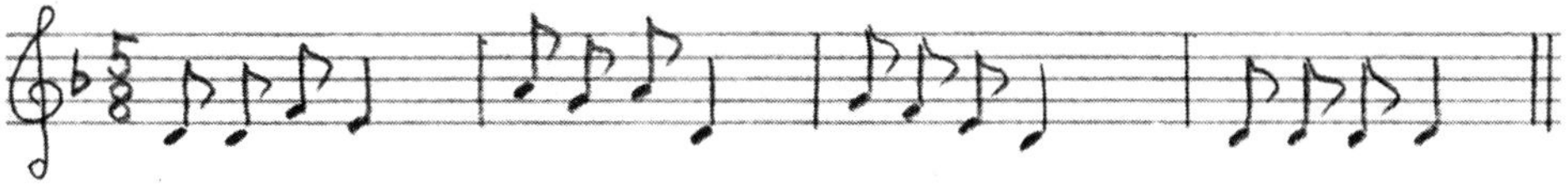

ドブックに書いてあった気がします。そう言えば、確かムーミンのご先祖様も、暖炉のうしろに隠れ住む「竈《かまど》神」でした。

そんなフィンランドの子守唄を一つ紹介しようと思います。二十世紀前半に現地録音された叙事詩「カレワラ」のCDが手元にあります。ここに収められた「糸紡ぎ唄と子守唄」（一九三六年録音）のメロディを採譜してみました（楽譜はその後半部）。

前回ご紹介したエストニアの子守唄の楽譜と比べてみてください。拍子こそ、エストニアの方は四分の二拍子、フィンランドの方は八分の五拍子ですが、どちらも哀愁を帯びた単調なメロディが繰り返されます。エストニアの野外博物館で子守唄を歌ってくださった女性が、「エストニアの民謡はフィンランドの影響を強く受けているのです」とおっしゃっていたのを思い出します。同じバルト三国でも南に位置するリトアニアの子守唄は明るい響きのものが多く、これはドイツの影響と言われており、好対照です。

CDのジャケットによれば、「カレワラ」の中で歌われたこの子守唄の歌詞は以下のような大意です。

フィンランド・ヘルシンキの公園にて

ねんねしなさい、小鳥さん。
疲れて眠れ、セキレイさん。
草の上に頭を乗せて。
私はイチゴの実が熟すまで眠り、
それから起きて、熟したその実を摘み取った。
イチゴがこう叫んだ。お嬢さん、ここに来て私を摘んで。
蛇に食べられてしまわぬうちに、
いたずら小僧にもぎ取られてしまわぬうちに。

小鳥やイチゴに話しかけ、返事をもらえる女の子。ここには、人も小鳥もイチゴも、蛇もいたずら小僧も、さらには妖精も、みんな同じアニマ（たましい）を持ち、寄り添って生きているというアニミズム的な世界観が息づいています。

＊音源：*The Kalevala Heritage*, ONDINE, 1995, ODE849-2

第5回　オランダ――アンネ・フランクが聞いた子守唄？

二〇一三年九月上旬、オランダのアムステルダムにあるアンネ・フランク・ハウスを訪れました。朝九時半頃、チャーターバスを降りて学生たち二十数名を引率して石畳の路地を歩いていくと、すでに長蛇の列ができていました。老朽化した狭い建物であるため入場制限がされているとのことでした。

小糠雨《こぬかあめ》がそぼ降る中、ある者は傘を差し、ある者はフードをかぶって、待つこと約一時間、アンネが一九四二年七月六日から一九四四年八月四日までの二年一ヵ月を過ごした「隠れ家」にようやく入ることができました。アンネの父オットーが経営していた会社の四階建て事務所の三階、四階部分を改装した「隠れ家」は、意外と広い、というのが率直な印象でしたが、ここに二つの家族と一人の男性、合計八人が二年以上、一歩も外に出ないで過ごすというのは、やはりたいへんなことだったろうと思わ

アムステルダムにあるアンネ・フランクの銅像

れます。この「隠れ家」の中で、アンネがキティと名づけた日記帳に綴った文章は、思春期の少女の喜怒哀楽、夢や願いを、今はやりの言葉を使えば「ありのままに」描写しており、『アンネの日記』は時代を超え国境を越えて読み継がれるべき名著といえます。

ところでアンネは、幼い頃どんな子守唄を聴いたのでしょうか。フランク一家はドイツのフランクフルト出身のユダヤ人で、ナチス・ドイツのユダヤ弾圧から逃れるため、アンネが五歳の時にアムステルダムへ移住してきました。そこから考えられるのは、①モーツァルトやシューベルトをはじめクラシックの作曲家が創作した子守唄、②ドイツの伝承子守唄、③ユダヤ人の伝承子守唄、以上三種類の子守唄です。その中で、今回はユダヤ民族が伝承してきたとされる子守唄「アイリー・ルーリー」をご紹介します。

眠れ眠れ　愛しい坊や　可愛いその眼を　静かに閉じて
元気な体で　目覚めるように　だから今は　そっとおやすみ
坊やが寝ている　そのうちに　町の広場へ　急いで行って
パンとケーキを　買ってこよう　大きくなったら　学者になっておくれ
町一番の　賢者として　皆がほめたたえる　立派な人に

「アイリー・ルーリー」

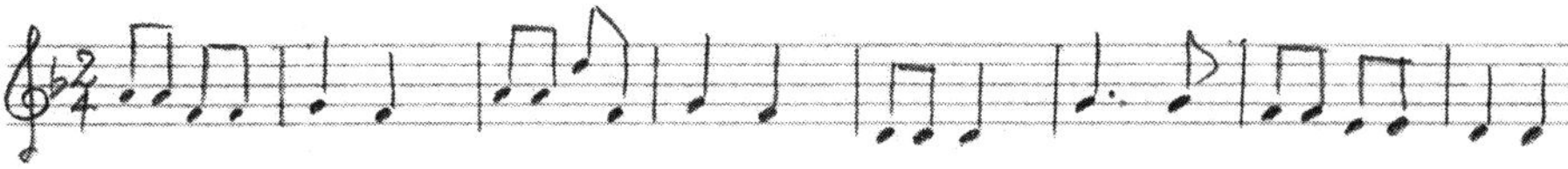

曲は四分の二拍子、タタタタ・タンタンのリズムに乗せて、ラーシードーレーミの五音で構成される哀愁を帯びた素朴なメロディ。同じくユダヤ民謡にルーツを持つとされる「ドナドナ」にもどこか似ています。アンネの母エーディトも、もしかしたらこんな子守唄を口ずさんでいたかもしれません。

アンネたちが「隠れ家」からユダヤ人収容所に強制連行されてから八十年あまり。今もなおパレスチナでも、シリアでも、ウクライナでも、スーダンでも、その他世界各地で戦火は絶えません。子守唄の調べに乗せて歌われる、幼な子の無事と健康への願いが、民族や国家の間の「鉄条網」をはるかに越えて、世界全体の平和への祈りとなって広がっていきますように。

（子守唄出典：Barbara and Michael Cass-Beggs, *Folk Lullabies*. New York: Oak Publications, 1969.）

第6回　英国スコットランド　その二——戦争未亡人の子守唄

前回に引き続いて、戦争にまつわる話題を取り上げます。二〇一四年九月、英国からの独立の賛否を問う住民投票が行われたことによって、またＮＨＫ朝のテレビ小説「マッサン」にゆかりの地として、かつてない脚光を浴びていたスコットランド。この地には、第一回でも述べたように、英語の他に「ゲール語」と呼ばれるケルト系言語の文化圏が北西部のハイランド地方を中心に広がっており、数多くのゲール語子守唄も伝承されていますが、その中に亡き夫や恋人を偲ぶ内容の歌詞を持つ「弔い唄」の一群があります。

とりわけ、一七五七年（一説には一五七〇年）にケンモアで処刑された武将グレゴール・ロイの死を悼み、彼の妻が亡き夫の御霊に呼びかける唄とされる「愛しのグレゴール」は、深い哀調をたたえた美しい旋律が聴く者の胸を打ちます。

「愛しのグレゴール」

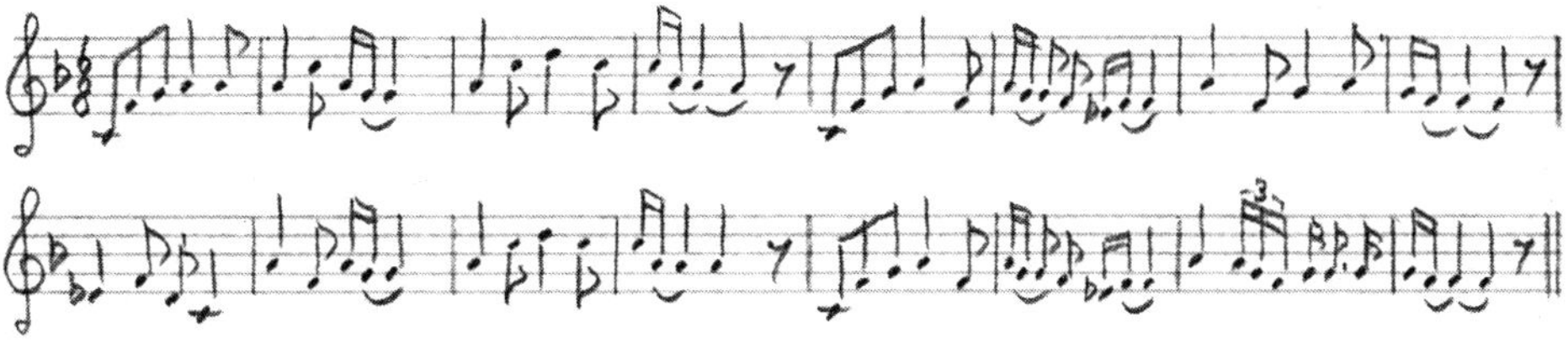

長く続く雨の夜、嵐の夜、
もしもグレゴールがそばにいてくれたなら、
私のために岩場を見つけ、
吹き荒れる風雨からきっと私を護ってくれるだろうに。
ああ　ああ　わが悲しみはあまりに深い。

今宵、他の女たちは安らかな眠りにつく頃、
私はあなたの眠る墓の傍らに横たわる、
墓石をこぶしで叩きながら。
ああ　ああ　わが悲しみはあまりに深い。

本来、人生の最初に歌われる喜びの唄である子守唄と、その最後に歌われる悲しみの唄である弔い唄とは、その性格において一八〇度異なる唄のはずです。ところが、日本を含む世界各地で、弔い唄としての内容を持つ子守唄が伝承されてきました。また、沖縄・与那国島のように、類似

する旋律が子守唄と弔い唄の両方に用いられているケースも見られます（酒井正子『奄美・沖縄　哭きうたの民族誌』小学館、二〇〇五年）。

その理由は何でしょうか。子守唄と弔い唄はともに「呼びかけの唄」です。相手が生者か死者かという違いはあれ、自分にとってかけがえのない存在のたましいに呼びかけるのです。この時、相手に対する切ない想いを届けるのにふさわしい旋律が選ばれ、世代を超えて歌い継がれていったということなのかもしれません。そして、他人に聞かれるのは憚《はばか》られるような、例えば「戦争はイヤだ」といった自分の本音も、子守唄としてなら吐露することも許される、そう考えたのでしょう。

今夜も世界の片隅で、戦さによって夫や恋人、父親や息子を喪った女性たちが、弔い唄としての子守唄を口ずさんでいるのかもしれません。いつか夜明けが来ることを祈りながら。

（「愛しのグレゴール」収載ＣＤ　Martyn Bennett, *GLEN LYON*. Foot Stompin' Records, 2002, CDFSR1714）

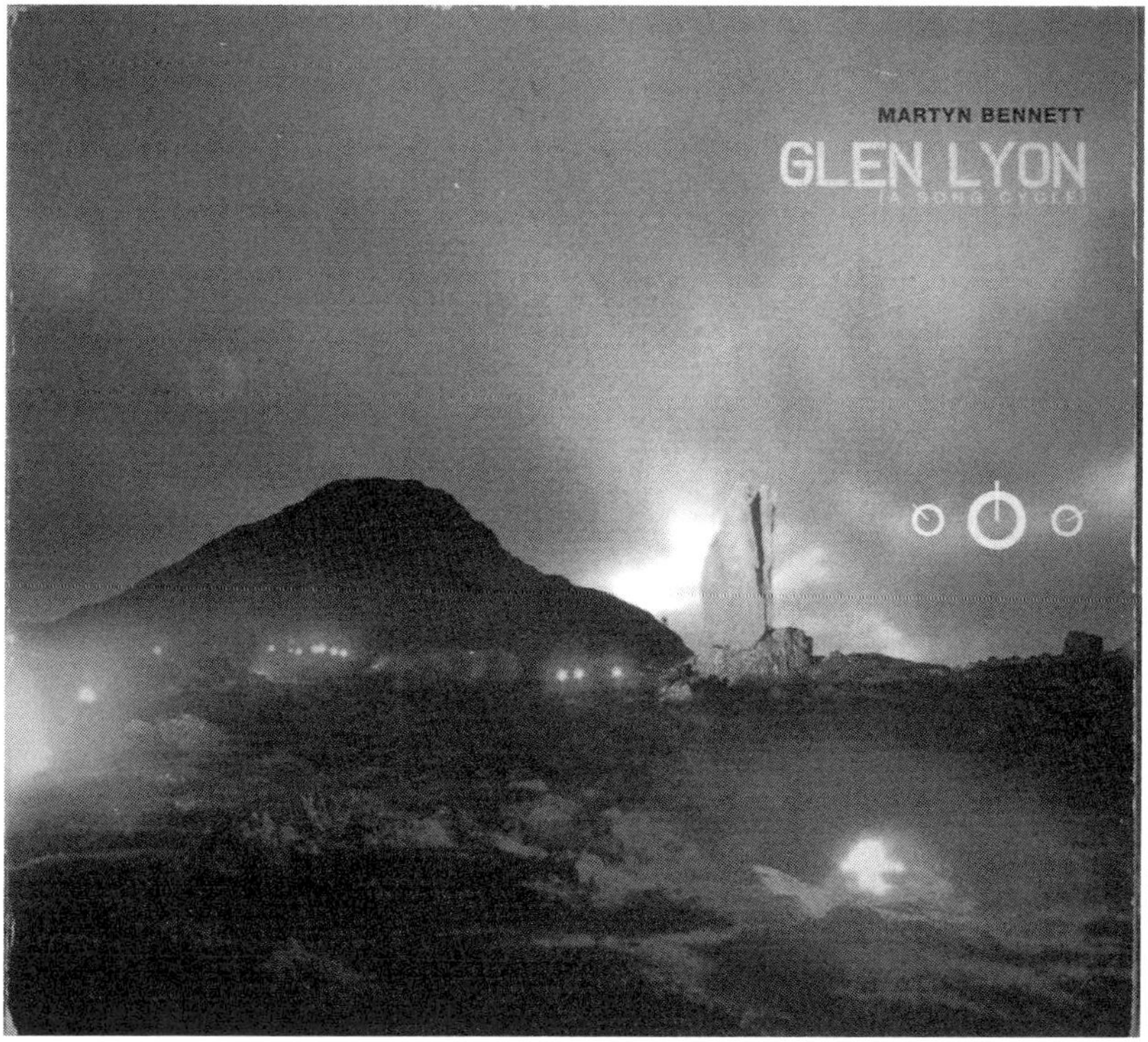

「愛しのグレゴール」が収められたCD「GLEN LYON」ジャケット

コラム1　洗濯機の唸る音が子守唄？

今から三十年ほど前、一九九一年から二年間英国スコットランドに留学し、学生寮に暮らしていました。

日常生活の中でとても驚いたのが、ドラム式洗濯機の回る音が大きく唸《うな》ることでした。ドッドッドッドッ……と地響きを上げ始め、ダダダダダダダッと次第にテンポが上がっていき、やがてフルスピードで回って唸る。この英国式洗濯機の音は、耳馴《な》染《じ》んだ日本の洗濯機の音の何十倍も大きなものでした。同じ部屋にいる相手との会話も難しくなるぐらいの「唸り声」です。のみならず、震度2ぐらいの揺れが部屋全体を襲ってきます。洗濯機の静かさや揺れの少なさを追求する日本のメーカーとは無縁の世界でした。

ある日、指導教員のマーガレット・ベネット先生から、ご自宅での夕食に招待された時のことです。台所はシステムキッチンになっており、配膳台の下に、内部が覗ける丸い扉の洗濯機がありました。私が到着した時、ちょうど洗濯機を動かしているところだったので、やっぱりここでも洗濯機は震度2に唸っていたのです。その時、ベネット先生は、子守唄の研究を始めていた私に、次のようなエピソードを話してくれました。

彼女が数年前、フラットと呼ばれる集合住宅に住んでいた頃のこと。ある日の夕方、日頃から親しくしていた隣室の若い夫婦が、赤ちゃんを抱いて彼女の部屋にやってきて、どうしても二人だけで出かけたい用事があるので、少しの時間子どもを預かってもらえませんかと頼んだのだそうです。「いいわ、よろこんで」と赤ちゃんを預かった彼女は、眠そうな顔をしていた子どもをこのまま眠らせようと、子守唄を歌い始めました。ベネット先生は民俗学者であると同時に、何枚もCDを出しているフォークシンガーでもありました。

たくさんのレパートリーを持っているゲール語の子守唄の中から、優しい声で、赤ちゃんに歌って聞かせました。ところが何曲歌っても赤ちゃんは一向に寝てくれません。それどころか眉をひそめてむずかるようになったのです。

とうとう彼女は寝かしつけるのをあきらめて、台所のソファーに赤ちゃんを横に寝かして、予定していた洗濯を始めることにしました。ドッドッドッドッダダダダダダダッ……。それから他の用事もした後で、ふとソファーの方を振り向いてみると、洗濯機の爆音の中、赤ちゃんはスヤスヤ眠っていたのです。

マーガレット・ベネット先生と筆者（2013 年）

数時間後、赤ちゃんを引き取りに来た母親に、この出来事を紹介して「洗濯機に負けちゃった」と話したところ、しばらく考えた後、母親はこう答えたそうです。「そう言えば、この子はいつも夕方になるとひと眠りするのですが、その時間帯にはいつも洗濯機を動かしているのです」。

条件反射のようにして、いつしかこの赤ちゃんにとって洗濯機の唸る音が催眠モードのスイッチを入れることになっていたのです。これもまた、子守唄の原像のひとつなのでしょう。

第7回　韓国　その一――「故郷の春」

二〇一四年十二月、フォークシンガーの笠木《かさぎ》透《とおる》さんが亡くなられました。一九六九年、中津川フォークジャンボリーを企画・開催し、商業路線と一線を画した「フィールド・フォーク（生活の歌）」を提唱してコンサート活動を行い、東日本大震災の後には福島県いわき市のフォークグループ「いわき雑魚塾」のCDアルバムの制作を支援したことでも知られる笠木さんは、戦争中の子どものうたについて取材してこられた方でもあります。

一九三七年生まれの笠木さんは、子どもの頃に歌っていた「さよなら三角　またきて四角　四角はとうふ　とうふは白い……」というしりとり唄をきっかけに色々と調べていく中で、一九三〇年代に朝鮮の国民学校の生徒たちが歌っていたという次の替え唄に出会いました。「いろはに　こんぺいとう　こんぺいとうはあまい（中略）遠

フォークシンガーの笠木透さん（2013 年）

笠木透さんの CD ブック
『鳥よ鳥よ青い鳥よ』

いは東京　東京はえらい　えらいは天皇　天皇は人間　人間はわたし」。

天皇は神とされた時代に、朝鮮語を禁止されていた子どもたちが日本語で歌っていたこの唄に、笠木さんは強く心を揺さぶられ、植民地時代の韓国・朝鮮の子どもうたを集めた『鳥よ鳥よ青い鳥よ』というCDブックを出版します（たかの書房、一九九九年）。

この本の中に収められた一曲に、「故郷の春」があります。

一、私の故郷　花の村　桃の花　杏の花　山ツツジ
　色とりどりの　花模様　遊んだあの日が　なつかしい
二、私の故郷　鳥の村　緑の野原に　風吹けば
　川辺の柳も　踊り出す　遊んだあの日が　なつかしい　（日本語訳：笠木透）

「第二の国歌」とも呼ばれるこの歌は、一九二五年に発表されました。作詞は李元壽、作曲は洪蘭坡と判っているので、伝承の子守唄ではありません。けれども、あえて今回取り上げたのは、この歌の生まれた背景が大変興味深いからです。一九一九年の三・一独立運動の弾圧によって多数の犠牲者を出した後、朝鮮総督府は「文化政治」に転換し、その具体的な施策の一つに児童文化芸術活動の推進がありました。朝鮮半島各

「故郷の春」

地で、口演童話会や日本の童謡コンサートが行われた他、『赤い鳥』をはじめとする児童文化雑誌が読まれ、そこに掲載された童謡が現地の子どもや若者たちの心をとらえたのです。李が「故郷の春」を作詞したのは十五歳、洪がこの詞に曲をつけて発表したのは二十八歳の時でした。楽譜を参考に歌ってみると、日本の童謡や唱歌がいくつも思い浮かぶはずです。「春が来た」（一九一〇年）、「春の小川」（一九一二年）、「春よ来い」（一九二三年）――、これらの歌を若き日の李や洪もきっと口ずさんだに違いありません。そこからこの「第二の国歌」は生まれたのでしょう。

私たちは、朝鮮・韓国の人びとの深い哀しみの歌声に耳をふさいではなりません。けれども同時に、両国の交流の中から生まれた明るい歌声にも、もっと耳を傾けてもいいのではないでしょうか。「いつの日か、日本と韓国の子どもたちは、一緒に遊び、共に生きる時代がくる」、そう記した笠木さんの遺志を継いでいきたいものです。

第8回　韓国　その二――「ワンワン　犬よ」

前回に引き続き、韓国のうたを取り上げます。二〇一四年八月八日から十二日まで、韓国の昌原《チャンウォン》市において開催された「第十二回アジア児童文学大会」に私も参加しました。釜山《プサン》市から車で西へ約一時間のところにある昌原市は、近年の都市計画によって急速に発展した工業都市ですが、ここは前回紹介した「故郷の春」の作詞者李元壽の故郷で、本大会のレセプションでも、地元の児童合唱団がこの歌を情感たっぷりに披露してくれました。

せっかくの機会なので韓国の伝承子守唄を聴く機会を持つことができればと思い、前任校の梅花女子大学で教え子だった、檀國《タングク》大学校研究教授のキム・ヨンスン（金永順）さんに通訳をお願いして、本大会の会長である児童文学作家のシン・ヒョンドゥク（申鉉得）さんにインタビューすることができました。

「ワンワン　犬よ」

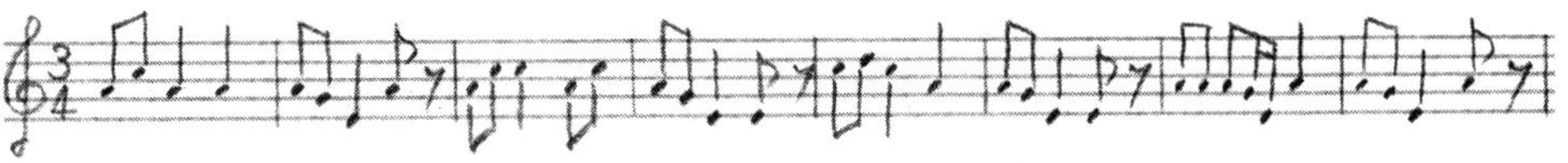

一九三三年、慶尚北道《キョンサンブクト》義城《ウィソン》郡生まれのシンさんは、子どもの頃に母親から聴いたという次の子守唄を歌って下さいました。

モンモン　ケヤ　チッチマラ
　（ワンワン　犬よ　ほえるなよ）
コッコ　ダルガ　ウルジマラ
　（コッコ　にわとりよ　鳴くなよ）
ウリアギ　チャルド　ヂャンダ
　（わたしの赤ちゃん　よく眠ってる）
チャジャン　ヂャジャン　アギヂャジャン
　（ねんねんねんねん　赤ちゃんねんねんねん）

［＊日本語訳はイ・ジョンヒョン（李成炫）さん（大阪大学講師）による。］

曲はゆったりとした四分の三拍子で、「ミーソーラー(高)ドー(高)レ」の五音からなる民謡音階です。富山県の民謡「こきりこ節」をはじめ、北陸・山陰・北九州地方と、日本海を挟んだ朝鮮半島において、特にこの音階がよく見られると小島美子『音楽からみた日本人』（ＮＨＫ出

児童文学作家のシン・ヒョンドク（申鉉得）さん

版、一九九七年）に書かれています。一方、三拍子のリズムは日本の子守唄や民謡にはほとんど見られないのに対して、「アリラン」をはじめ韓国の多くの民謡が三拍子や八分の六拍子を取るのが特徴です。

次に、詞の方に目を向けてみましょう。「モンモン」は犬の鳴き声、「コッコ」はにわとりの鳴き声です。昼寝している赤ちゃんに向けてではなく、庭先でうろついている犬やにわとりに向けて、「赤ちゃんの安眠を邪魔しないで」と呼びかけています。農村のうららかな昼下がりの情景を彷彿とさせます。

一九三三年刊行の金素雲編『朝鮮童謡選』（岩波文庫）に収載された慶尚北道の子守唄に「うちの坊やはよく眠る　むく犬　小犬も　吠えるなよ」の詞章が見えますが（二三四頁）、シンさんの母親がこの唄を歌っていたのも一九三〇年代の同じ地方においてでした。

日本と同様、急激な経済成長と工業化の一方で伝統文化の継承が疎かになった韓国において、「ワンワン　犬よ」のような子守唄を口ずさむ母親は今日ほとんどいないといいます。私が伝承子守唄を調べていると知り、「大事な研究ですね」と快く取材に協力して下さったシンさんの想いをしっかりと受けとめたいものです。

第9回　韓国　その三──「たべてねて　たべてあそんで」

『ららばい通信』二〇一五年夏号に、韓国KBSラジオの局員が日本子守唄協会の事務所に来訪し、西舘好子理事長と対談した記事が掲載されました。韓国でも伝統的な子守唄を知っている人が少なくなり、子守唄を歌う母親も少ないとのことですが、子守唄の大切さや楽しさを知ってもらうための活動を行っている方がたが韓国にもいます。

一九五八年生まれの作曲家・詩人ペク・チャンウさんもその一人で、彼が編集し、ハン・ジヒさんがイラストを描いた『韓国子守唄　チャジャン歌』（大竹聖美訳、古今社、二〇〇三年）は、二〇〇二年に韓国でハングル版がCD付で出版されており、二二編の伝承子守唄が収められています。

本書の扉でペクさんは次のように語っています。「おさない子どもたちのためにう

韓国子守唄
チャジャン歌
ペク・チャンウ 詩／ハン・ジヒ 絵
大竹聖美 訳
古今社

「たべてねて　たべてあそんで」

たう子守唄には、独特なリズムや調子がひそんでおり、民族の生活とこころの光がしみこんでいます。今、子どもたちに一番必要なものは、〈失われたうた〉を探してあげることです。お母さんのこころがこめられた言葉とうたをきかせてあげることです」。

この絵本の中に、「たべてねて　たべてあそんで」という子守唄があります。

うちのあかちゃん　よくねる　よくねて　よくあそぶ
たべてねて　たべてあそんで
　クムシルクムシル　よくあそぶ
うちのあかちゃん　よくねる　よくねて　よくあそぶ
いぬもあそび　とらもあそぶ
　トゥンダントゥンダン　よくあそぶ

タタンタタンと刻まれる八分の六拍子系リズムと、「ミーソーラー(高)ド」の四音で構成されるシンプルなメロディです。「よくたべて、よくねて、よくあそぶ」赤ちゃんを見つめる優しい眼差しを描いた歌詞。絵本の見開き左頁下方には白い虎、右頁にはこの虎の尻尾から変化した青い竜、上方には蔓が伸び、花が咲き、実をつけた瓜のような植物、その中で赤ちゃんが眠ったりハイハイしたり実をもいで食べたりつかまり立ちしたり遊んだりしています。陰陽五行思想の宇宙観を背景に持ち、韓国の「民画」の手法も取り入れたイラストはとても美しいです。ちなみに、「白虎」と「青竜」は、奈良県の高松塚古墳の壁画にも描かれた、「朱雀」「玄武」「黄竜」と並ぶ陰陽五行思想における神像です。

虎（ホランイ）は韓国の昔話におなじみのキャラクターで、怖い存在であるばかりでなく、人びとの知恵によって打ち負かされる滑稽な存在や、恩返しをする獣としても登場しますが、そのルーツは「白虎」にあるでしょう。一方の竜は、昔話にこそあまり登場しませんが、神話や伝説には高貴な人物が竜王とつながりをもつ話がいくつもあります。そんな背景を持つイラストを子どもと一緒に眺めながら、お母さんやお父さんにこの子守唄を繰り返しうたってもらいたいものです。いつか大人になった時に、〝ああ、あの唄はこの絵にはそんな意味があったのか〟と気づくことがあるかもしれません。

そしてまた、日本にもこんな子守唄絵本があるといいなあと願っています。

第*10*回　中国　その一――十九世紀末の中国の子守唄

前回までの韓国に引き続いて東アジアの隣国、中国（中華人民共和国）の子守唄を見ていこうと思います。私の勤務する立命館大学文学部のある衣笠キャンパスは金閣寺のすぐ近くにあり、行楽地の嵯峨・嵐山に近いこともあって、通勤途中の電車やバスの中で多くの中国人観光客とすれ違います。赤ちゃんをバギーに載せたり抱っこしたりしている若い母親や父親の姿もよく見かけますが、彼らはどんな子守唄を歌っているのでしょうか。

これまで調査旅行や国際学会で何度か中国を訪れ、伝承子守唄のＣＤやカセットテープを求めて何軒もの店を回ってみましたが、シューベルトやブラームスなど西洋クラシックの子守唄を収録したものしか入手できませんでした。中国人留学生たちに聞いても、中国の伝承子守唄を歌える人や、あるいはそれを子どもの頃に聞いたとい

「でんでんむしむし」

う人にはまだ出会えていません。一人っ子政策の下、音楽教育においても西洋志向・近代化志向が進み、伝統的な音楽文化の継承はきわめて困難な状況となっているのかもしれません。

中国の伝承子守唄をまとまった形で紹介した日本の書籍のうち、比較的入手しやすいものとして、瀬田充子・馬場英子編訳『北京のわらべ唄』（研文出版）とロビン・ギル『中国のマザーグース』（北沢書店）があります。どちらも十九世紀の末頃に収集されたテキストですが、残念なことに楽譜が載っておらず、唱えることはできても歌うことができません。そんな中、例外的にただ一曲楽譜が載っているのが、『中国のマザーグース』に収められた「でんでんむしむし」（水牛児水牛児）です（五八—五九頁）。

でんでん　むしむし
ツノのおつぎは　あたまをお出し
とうさんかあさん　キミにって

19世紀のアメリカ人が集めた

中国のマザーグース

CHINESE MOTHER GOOSE RHYMES

ロビン・ギル

ヒツジ焼いたの　もってきたって
食べなきゃ　食べちゃうぞ
どこどこおいで？　お墓の裏手？

曲は四分の二拍子、アウフタクト（弱起）ではじまり、「ドーレーミーソ」の四音からなるシンプルで穏やかなメロディです。歌詞はかたつむりにツノを出すよう呼びかけるもので、「遊ばせ唄」の類いでしょう。

解説にもあるように、鎌倉末期に編纂された『梁塵秘抄』の「舞へ舞へかたつぶり／舞はぬものならば／馬の子や牛の子に蹴ゑさせてん／踏み破らせてん（後略）」や、明治四十四年発表の学校唱歌「でんでんむしむしかたつむり／おまえのあたまはどこにある／ツノ出せヤリ出せあたま出せ」、また英語圏の伝承童謡（マザーグース）の「ででむし、ででむし、穴を出ろ、でなけりゃ、貴様をぶちのめす（Snail, snail, Come out of your hole, Or else I'll beat you, As black as coal）竹友藻風訳」も思い出させます。

「小さきもの」に対する子どもの好奇のまなざしは万国共通だということでしょう。今日の中国の子どもたちにもぜひ歌ってほしいものです。

第11回　中国　その二――中国人留学生から聞いた子守唄

前回、「今日の中国では伝統的な子守唄は歌われていないのではないか、一体どんな歌が子守唄として歌われているのだろうか」と書きました。その疑問を解くべく、立命館大学大学院応用人間科学研究科（二〇二三年現在の人間科学研究科）に在籍する中国人留学生、黒竜江省チチハル市出身の二十代前半の女性・祝心怡さんに、二〇一六年にインタビューしました。

事前に母親に連絡を取って下さり、幼い彼女に子守唄としてよく歌っていたと母親が知らせてくれたという歌は「世界で一番好きなのはお母さん（世上只有妈妈好）」でした。祝さん自身もこの歌をよく憶えているといって、歌って聞かせてくれました。

世上只有妈妈好　　（世界で一番好きなのはお母さん）

「世界で一番好きなのはお母さん」

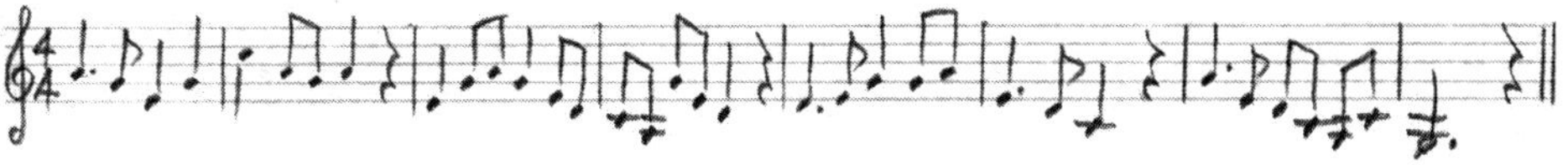

有妈的孩子像块宝（お母さんのいる子どもはとても幸せ）
投进妈妈的怀抱　（お母さんの胸に抱きしめられて）
幸福享不了　（幸せをずっと感じていられるから）

曲は四分の四拍子、ヨナ抜きペンタトニックで音域が十一度（オクターブ低ソ～高ド）と広い。「ラーソーミーソー（高）ドーラーソーラ」という最初の旋律が、二胡の音色に合いそうな、中国のそよ風を思わせます。また最後はドではなく（低）ソであるため終止感が弱く、最初に戻っていつまでも循環する感じを与えています。歌詞は、子どもが母親のことを想って歌う内容で、いわば子守唄とは逆の立場からの歌ですが、祝さんの母親はよく鼻歌（ハミング）でこれを歌っていたといいます。

この歌は伝承のものではなく、蔡振田作詞・林国雄作曲の歌で、最初は一九五八年の香港映画「苦児流浪記」に登場しました。そして一九八八年に台湾映画「妈妈再愛我一次（お母さんもう一度愛して）」という、行方不明になった母親のことを十八年間探し続けて再会する精神科医の物語の中で用いられたそうです。

映画は九〇年代の中国大陸全土で大ヒットし、この歌も大人から子どもまで皆に口ずさまれたようで、祝さんは小学一年生の時、学校でこの映画を観に行き、涙を流したのを憶えているといいます。また、周りの中国人留学生（上海など南部出身者も含む）二十人ぐらいに聞いたところ、全員がこの歌をよく知っていると答えてくれたそうです。幼な子の母親への想いをうたったこの歌が、香港、台湾、中国本土といった、政治的な分断や地域的な格差を越えて、今日の中国の人びとに共有されている。そう考えるとなんだかうれしくなります。

そしてまた、この歌はどこか「ぞうさん」（まど・みちお作詞、團伊玖磨《だんいくま》作曲、「ぞうさん
ぞうさん　お鼻がながいのね　そうよ　かあさんも　ながいのよ」）にも似ています。母を想う子どもの気持ちに国境がないことを物語っているのかもしれません。

台湾映画「媽媽再愛我一次」のポスター

第12回　トルコ――東西文明の結び目

前回まで韓国・中国という、東アジアの子守唄を見てきましたが、今回はアジアとヨーロッパの架け橋にあたる地域である、トルコの子守唄をご紹介します。

政治的混乱が続くシリアやイラクと国境を接し、難民受け入れやクルド人問題を巡っても緊迫した情勢が続き、テロや軍事的事件ばかりが話題に上る昨今のトルコですが、一八九〇年に和歌山県串本町沖で起きたエルトゥールル号沈没事故以来、日本との深い友好関係を築き上げてきた国であります。

二〇一六年四月、トルコの首都アンカラから、私の指導の下で日本の伝承遊びや子ども文化を研究したいと国費留学生がやってきました。サーミ・ジャン・カーリマンさん（当時二十六歳）です。彼がトルコで有名な子守唄として歌ってくれたのが、「ダンディニ　ダンディニ　ダースターナー」です。

「ダンディニ　ダンディニ　ダースターナー」

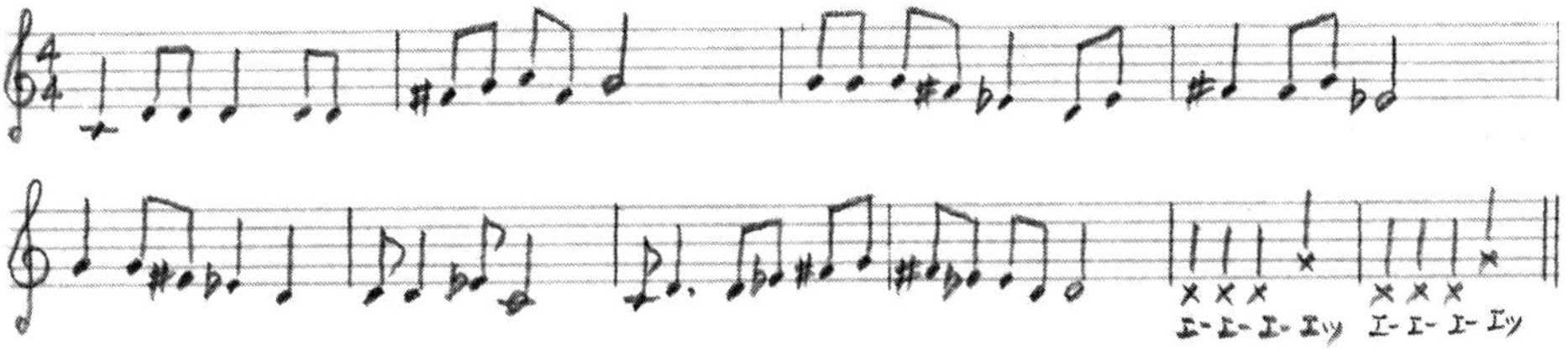

ダンディニ　ダンディニ　ダースターナー
《あやし言葉》
ダナラール　ギーリミーシ　ボースターナー
（仔牛が野菜畑に入ったよ）
コーボース　タンジュ　ダナーユ
（農夫よ　仔牛を追い出しなさい）
イェメーシン　ラーハーナーユー
（キャベツを食われてしまわないように）
エーエーエーエッ　エーエーエーエッ
《あやし言葉》

曲は四分の四拍子、「ドーレーミ♭ーファ♯ーソーラ」というアラブ音楽特有の音階からなるシンプルなメロディですが、インターネットのサイトから彼が取り寄せてくれた楽譜を見て歌おうとしてもなかなかきちんと音が取れず、キーボードでメロディラインを確かめて、ようやく「ああ、

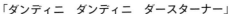

サーミ・ジャン・カーリマンさん

アラブ音楽だ」と納得した次第です。

歌詞は、「仔牛が野菜畑に入ったぞ、キャベツを食われないよう追い出せよ」と農夫に知らせるという内容ですが、仔牛は若い男、キャベツは娘、野菜畑は娘の家、農夫は娘の父親、そして歌い手は娘の母親をそれぞれ意味しているという解釈もあるそうです。作詞者・作曲者は不明で、レコードやラジオ・テレビ・映画などを通して広まったわけでもありませんが、一九三九年生まれのスィヴァス出身の祖母も父親もこの唄をよく知っており、トルコ全土で歌われているのでは、とジャンさんは話してくれました。

トルコの子守唄には、この唄に使われた「ダンディニ　ダンディニ」の他に、「ニンニ」「ネンニ」や「ライライ」「レイレイ」といったあやし言葉もあるそうです。レズリー・デイケン『子守唄の本』によれば、前者はギリシャ・チュニジアをはじめ地中海沿岸諸国とフィリピン・日本に、後者は英語圏やイラン・パキスタンにもあるようです（次頁の「コラム２」参照）。あやし言葉の点からも、この地域が東西文明の結び目にあることが分かります。

幼な児の安らかな眠りを願う気持ちに、民族も宗教もイデオロギーも関係ありません。

「平和を我らに！［Give Peace a Chance !］」。

コラム2　世界のあやし言葉

子守唄の中で、しばしば、聞いている子どもが心地よいと感じられそうな音の響きやリズムを持つ言葉が繰り返し歌われます。これを「あやし言葉（lull-words, vocables）」と呼んでいますが、日本と世界各地の「あやし言葉」を比べてみるととても面白いことが分かります。

日本のあやし言葉で最もよく登場するのが、沖縄を除き全国に見られる「ねんねん」「ねんねんころりよ」「ねんねんころりよ　おころりよ」などの「ネンネン」系です。ついで多いのが、九州地方と北陸地方を中心に見られる「おろろん」「おろろんばい」「べろろんや」などの「オロロン」系です。それから、先ほど挙げた「ねんねんころりよ」や「ねんねんころりよ　おころりよ」は「ネンネン」系と「オロロン」系が結合したものと見ることもできます。「ねんねんや　おろろんや」（福井県）というものもあります。一方、沖縄では「ほーいちょが」「ほいほいほい」「へいよーへいよー」といった「ホイホイ」系とも呼ぶべき独特なあやし言葉があります。

それでは、これら三つの系統を世界各地のあやし言葉と対比させてみましょう。レズリー・デイケンの『子守唄の本（*A Lullaby Book.*）』（一九五九年）に「世界の子守唄におけるあやし言葉」の一覧表が掲載されています（図表1）。まず、「ネンネン」「ニンニン」「ナンナ」「ノノノ」といったn音のくり返しで構成されるあやし言葉が、中央～南ヨーロッパ～地中海沿岸（スイス、フランス南部、イタリア、ギリシャ、マケドニア、トルコ、チュニジア）、東～東南アジア（日本・フィリピン）の両地域に存在しています。

次に、「オロロン」系に似ているr音やl音のくり返しで構成される「アロロ ロロ」（スペイン語圏）、「ララ ララ ルル」（英語圏）、「トゥラ ルル」（ラップランド）、「ララ ライ」（イラン）、「ラロ ロリ」（パキスタン）、「イエー レレ」（ビルマ）、「トロロ」（グアム）が見られ、ヨーロッパ、中東、東南アジア～ミクロネシアの三つの地域に分布しています。

さらに、沖縄の「ホイホイ」系に似ているh音のくり返しを持つのが、「アーハイハイ ハイ」（ギトゥサン・インディアン）や「ハオ ハオ」（クワキウティ・インディアン）といったカナダの国土に暮らす先住民族や、「ホーホー」というエジプトです。

このように、三つの系統がいずれも、いくつもの言語圏にまたがって登場していきます。そのことは、あやし言葉は必ずしも言語の意味と結びついているのではなく、意味とは無関係に、音の響きやリズムが持つ心地よさと結びついて生まれた可能性があ

LULL-WORDS FROM THE WORLD'S BABY LANGUAGE AS USED IN LULLABIES[2]

A-a-a	LITHUANIA
A-hay, hay, hay	GITKSAN INDIAN, CANADA
Ai-ha, zu zu	LATVIA
Ai lu lu	POLAND
Arroro ro ro	SPANISH-SPEAKING COUNTRIES
'Awe 'awe	SUNI INDIAN, USA
A-ya ya	TRINIDAD
Baloo, baloo	SCOTLAND
Bayu bayu	RUSSIA
Bissam, bissam	NORWAY
Bom pe, bom pe	CAMBODIA
Cha-chang cha-chang	KOREA
Dengu, dengu	INDONESIA
Dodo, dodo	FRANCE, FRENCH PYRENEES, HAITI, BELGIUM
Doyi doyi	CEYLON
E-a, e-a, e-a	GERMANY, CZECHOSLOVAKIA
Ha-o, ha-o	KWAKIUTL INDIAN, CANADA
Ho-ho	EGYPT
Hoi-yo, hoi-yo	OKINAWA
Lala lai	IRAN
Lalla, lullay lull	ENGLISH-SPEAKING COUNTRIES
Lalo loli	PAKISTAN
Ma ma ma	YUMA INDIAN, USA
Me me me me	CREE INDIAN, CANADA
Na, na, ninna-nanna	ITALY, GREECE, MACEDONIA
Nen nen	FRANCE, JAPAN
Ni-ni-ni-ni	PHILIPPINES
Ninni, ninni	TUNISIA
No no no nette	SWITZERLAND
Obauba	BASQUE
Pi, pi, pi, pi	YIDDISH-SPEAKING COUNTRIES
Shoheen-shal-eo	IRELAND
Su su su su	ESTONIA, POLAND, UKRAINE, SWEDEN
Suze nane	FRIESLAND, NETHERLANDS
Tororo tororo	GUAM
Tprundy, tprundy	RUSSIA
Tulla lu lu	LAPLAND
Tun, kurrun	BASQUE
Tuu, tuu	FINLAND
Uaua	BASQUE
We we we we	CHIPPEWAYA INDIAN, USA
Yee, le-le	BURMA
Yo yo yo yo	BANTU, AFRICA

図表１　世界の子守唄におけるあやし言葉

（Leslie Daiken, *A Lullaby Book*. London: Edmund Ward Publisher Ltd. 1959）

ることを示しています。例えば「ねんねん」も、「寝る」からできたのではなく、「ねんねんする」という「心地よいこと」が先にあって、そこから「寝る」という言葉が生まれたのかもしれません。

異なる言語の子守唄同士が共通のあやし言葉を用いているという事実は、国や民族の壁を越えて人びとがつながり合うためのツール（道具）として、「あやし言葉」が使えることを教えてくれます。多文化共生社会が求められる今日において、子守唄は大きな役割を担うということが改めて確認されるのです。

第13回　アイヌ——アニミズム的な宇宙観

二〇一六年六月上旬、日本口承文芸学会の皆さんと一緒に万緑の北海道沙流《さる》郡平取《びらとり》町を訪れ、二風谷《にぶたに》アイヌ文化博物館の敷地内に復元された伝統的な家屋（チセ）の中で、木幡《きばた》サチ子さんにアイヌのユカラ（神謡・英雄叙事詩）やウェペケレ（昔話）を聴かせていただきました。「今日エラい皆さんの前で語るというので、昨夜は緊張して寝られなかったものでビールを飲み過ぎた。うまく語れるかどうか分かりませんよ」と私たちを笑わせた後、八十代半ばとは思えない力強い声で、約一時間たっぷりと語って下さいました。

木幡さんにお会いするのはこれが二回目で、初めてお目にかかったのは二〇〇九年十一月、京都で行われたアイヌ文化を紹介するイベントにおいてでした。この時、終演後に楽屋で聴かせていただいたのが、次の子守唄（イヨンノッカ、イフンケとも呼ぶ）

二風谷アイヌ文化博物館のチセ（伝統家屋）の中で語る木幡サチ子さん

です。

オホル〜〜　オホル〜〜　オホへ〜ヨ　《あやし言葉》
ソモエ　チシノ　モコロル　ヤクネ　ピリカアイヌネエ　アンクスネーナー
（おまえが泣かないで寝ていれば　いい子になるよ）
オホル〜〜　オホヘーヨ　オホル〜〜　オホヘ〜ヨ
エチ　ヤクネ　リクンカントワー　オコッコチカプ　ランクスネーナー
（泣けば　空からおっかない鳥が降りてきて　突っつくよ）

一種のおどし唄ですが、「ホロルセ」と呼ばれる舌の先や喉の奥を震わせて出す音が中心になったあやし言葉の間に、セリフのような歌詞が挟まれます。以前、アイヌの語り手・白沢ナベさんから、これは鳩《はと》の鳴き声だとうかがったことがありますが、悪い神様にいのちを奪われたり病気をうつされたりしないよう、良い神様の化身である鳩の力を借りて赤ん坊を守ろうとする、厄除けの呪文のような意味合いがこの唄にはあるのかもしれません。

ところで、神様も人間も、鳥やけものや草や木も皆、「ラマッ（たましい）」を宿しており、対等でつながり合っているという、アイヌのアニミズム的な宇宙観とこれに

「オホルー　オホヘーヨ」

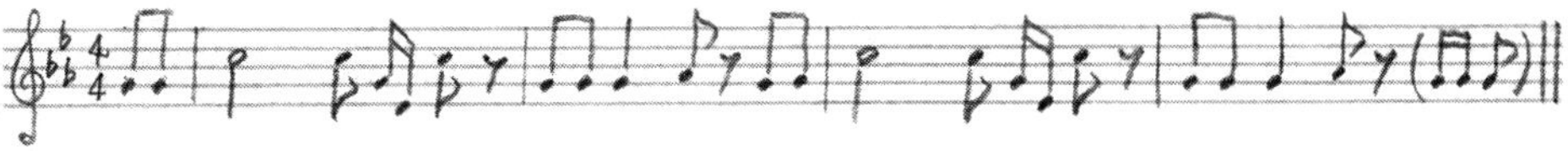

基づく伝統文化を欧米に紹介した、マンローという英国スコットランド出身の医師がいました。彼は後半生を二風谷で過ごし、無償で医療活動を行い、第二次大戦中の一九四二年にこの地で没しました。木幡さんが師と仰ぐ故萱《かや》野《の》茂《しげる》さんは、マンローのことを「アイヌ民族の恩人」と称えています。何故マンローはアイヌ文化に魅かれたのでしょうか。

その謎を解くために、同じ年の六月から三カ月間、スコットランドで過ごしました。エディンバラのスコットランド国立博物館では、ここに展示されている、マンローが寄贈したアイヌ関係資料を眺めながら、さまざまに想いをめぐらせました。アイヌの人びとが伝承してきたアニミズム的な宇宙観は、スコットランドに今も残るケルトの文化にもうかがえ、また詩人ワーズワスに代表される十九世紀英国のロマン主義的エコロジー思想にも共有されています。このあたりにヒントがありそうです。

第14回　英国スコットランド　その三――スカイ島の子守唄

前回、アイヌ文化を欧米に紹介する一方、北海道二風谷において医療活動を行い「アイヌ民族の恩人」とも称えられた英国スコットランド出身の医師マンローのことに触れました。

二〇一六年六月から八月末までの三ヵ月間、大学の学外研究制度を利用してスコットランドに滞在し、マンローゆかりの場所を訪ねてまわったのです。

ニール・ゴードン・マンローは、一八六三年スコットランド中部のダンディーに生まれ、三歳でキンロスに移りました。エディンバラ大学医学部に在学中から考古学や民族学に興味を持ち、テムズ川段丘などで発掘調査を行いました。卒業後インド航路の船医になり、仕事の傍らインド各地で発掘調査をしている時、暑さで体調を壊し、一八九一年横浜の病院に入院します。快復後この病院の院長に迎えられ、以後、横浜や軽井沢で外科医として働く一方、日本各地で考古学の発掘調査を行いました。一九三二年二風谷のアイヌ集落に移住し、一九四二年に亡くなるまで、この地で医療活動とアイヌ文化の研究に情熱を注ぎました（桑原千代子『わがマンロー伝』新宿書房）。

なぜマンローは北海道に、そしてアイヌ文化に、魅かれたのでしょうか。理由の第一に、北海道の自然風土が祖国スコットランドに似ていたことが考えられます。テレビドラマ「マッサン」でも紹介されていたように、両者はともにウィスキーの醸造に適した寒冷な気温と滋味豊かな水や土を備えていました。

第二に、この風土の中に生きる動物や植物に自分たちと同じ霊魂（アニマ、アイヌ語では「ラマッ」と呼ばれる）が宿っていると認め、それらと共に生きるアイヌの人びとに、詩人ワーズワスをはじめとする十九世紀英国のロマン派エコロジストたちが憧憬したケルト文化にも共通する、アニミズム的な世界観を見てとったことも理由の一つでしょう。

そして第三に、アイヌの人びとがこの世界観を、衣食住の日用品から冠婚葬祭の儀礼用品に至るまで様々な民具の意匠として太陽や風や水の動きを象徴化したと思われる幾何学的な文様の形で表現している点です。同様の文様はケルト文化や先史時代のテムズ川流域文化にも見られますが、それが地球の裏側に現存していることにマンローは大いに驚き、この貴重な文化を保持するアイヌの人びとに寄り添って生きよう

「バイー　ユーオ　ホオー」

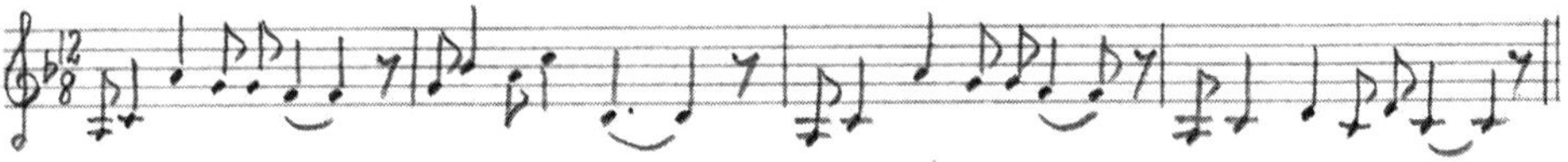

と決意したのではないでしょうか。

マンローの祖先の墓が残るスカイ島周辺に伝承されたケルト系言語のゲール語子守唄を、エディンバラ大学の大学院生メアリー・ブリトンさんから聞きました。

バイー　ユーオ　ホオー　バイー　ユオー　ホー
バイー　ユーオ　ホオー　バイー　オーホ　バアー

特に意味を持たないこのあやし言葉の後に、「あったかいミルクをあげるからね」「遠くへ行ったりしないよ」「朝までぐっすりおやすみ」といった歌詞が、あやし言葉と同じ伸びやかな旋律に乗せてゆったりと歌われます。もしかしたらマンローもこの唄を祖母や曾祖母から聞かされたかもしれない、と夢想しながら歌ってみたいものです。

エディンバラ大学の大学院生、メアリー・ブリトンさん

第*15*回　英国北アイルランド

──「ロンドンデリーの歌」から「ダニーボーイ」へ

二〇一六年八月下旬、前回ご紹介した英国スコットランド北西部のスカイ島を含むヘブリディーズ諸島をめぐった後、英国領北アイルランドへと飛び、ロンドンデリー州のリマヴァディという町を訪れました。この町は、「ロンドンデリーの歌」または「ダニーボーイ」として有名な歌の「発祥の地」として知られます。私自身、十年ほど前「竹田の子守唄」のことを調べる中で、現在普及している版の編曲者・尾上和彦が京都市伏見区竹田地区に住む女性から聴いた元唄を舞台音楽用にアレンジ（改変）する際イメージしたのが「ロンドンデリーの歌」だったという逸話を読んで以来、いつか訪れてみたいと願っていた場所でした。

リマヴァディは古いたたずまいを残す美しい町で、街灯に吊り下げられた寄せ植えの花が晩夏の朝の爽やかな青空に映えていました。この町が「ロンドンデリーの歌」

「ロンドンデリーの歌」

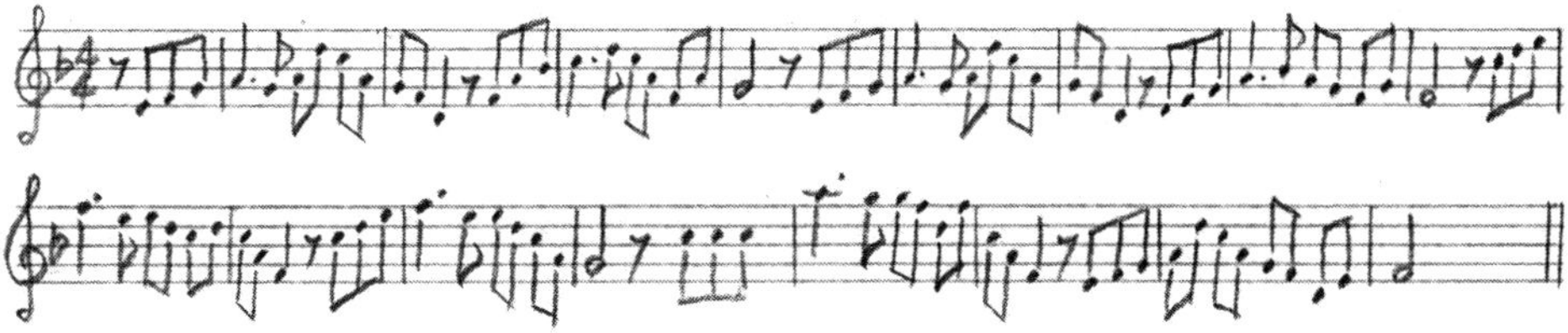

の「発祥の地」となったきっかけは一八五一年のこと。定期的に立つ市の日、大通りに面したアパートの二階に住む女性音楽教師ジェーン・ロスが、窓越しに聞こえてくるフィドルの旋律に耳を止めた。窓の下を覗いてみると演奏していたのは盲目の辻音楽師。その旋律に心奪われた彼女はもう一度その曲を弾いてもらい、採譜して「ロンドンデリーの歌[Londonderry Air]」として楽譜を出版しました。つまりメロディだけの形でこの「歌」は発表されたのです。

その後、何十種類もの歌詞がこの曲につけて発表されたがどれも定着しませんでした。ところが第一次世界大戦が始まる前年の一九一三年、イングランド南部の作詞家フレデリック・ウェザリーが、戦地へ発った息子の無事と帰郷の日を待ちわびる親の想いを刻む「ダニーボーイ」として発表すると、この歌は戦火の勃発・拡大と比例するように、大西洋をはさむ多くの国々、やがては世界じゅうで歌われるようになったのです。

ロンドンデリー州リマヴァディの街角

おおダニーボーイ　いとしきわが子よ　いずこに今日は眠る
戦《いくさ》に疲れた体を　休めるすべはあるか
お前に心を痛めて眠れぬ夜を過ごす　老いたるこの母の胸に
おおダニーボーイ　おおダニーボーイ　帰れよ

（なかにし礼・訳）

子守唄として歌われたことによって、北アイルランドの民謡「ロンドンデリーの歌」は、子どもや若者の無事と平和を祈る「世界の唄」になりました。そしてまた、親から子への祈りがこもったこの旋律は、「竹田の子守唄」の「早よも行きたやこの在所こえて／向うに見えるは親のうち」という守り子娘から親への遥かなつぶやきとも響き合い、編曲版「竹田の子守唄」は一九七〇年代初頭、日本の多くの若者の心をとらえたのです。

リマヴァディを訪れたこの日の夕べ、十九世紀の建造という古民家で行われたコンサートの中で、この地に住む年配の男女フォークデュオによる「ダニーボーイ」を聴きました。暖炉の炎と蠟燭《ろうそく》の灯に照らされて歌う男性の渋い低音と、ギターとアコーディオンによって奏でられたこの子守唄は、私たち聴衆の体と心を温かく包み込んでくれました。

第16回　スペイン——多文化共生社会の子守唄

今回は、立命館大学大学院で日本のSF文学を研究していたスペイン人留学生のエステル・アンドレウ・マルチネズさんに、二〇一七年に聞いた「ナナ（=子守唄）」についてご紹介します。ヨーロッパ大陸の西端イベリア半島にあるスペインは、人口四六四五万人（二〇一四年）、面積五十万六千平方キロ（日本の約一・三倍）で、十六世紀のイエズス会の布教以来、一六二四年から一八六八年にかけての断交（鎖国）期間を挟みながら、日本との長い交流の歴史を持っています。

日本人にとってこの国は、フランスと並んで芸術文化大国のイメージが強い国です。「ドン=キホーテ」の作家セルバンテス、サグラダ・ファミリア（聖家族教会）の建築家ガウディ、二十世紀美術のピカソ、ミロ、ダリ、テノール歌手のプラシド・ドミンゴにホセ・カレーラス、チェリストのパブロ・カザルス等々、名だたる芸術家が思い浮かびます。また、踊りと歌の両方の要素を持つフラメンコもなじみ深く、さらに国技とされる闘牛は、近年は動物愛護的な観点からの批判を受けつつも、中世以来の伝統的な芸能スポーツ・娯楽として有名です。

ところで、前回ご紹介した北アイルランドや前々回のスコットランド北西部と同じケルト系文化が、スペイン北西部のガリシア地方に伝承されていることをご存じでしょうか。当地のケルト系言語はすでに途絶えてしまっていますが、ケルト人がイベリア半島に居住していたとされる紀元前三世紀頃以来のケルト文明の痕跡が、地名、民俗音楽・芸能、工芸品・装飾品などの中に見られます。

エステルさんはスペイン東部の、オレンジや火祭りで有名なバレンシア出身です。今回歌ってくれた「ナナ」は、母親や祖母が自分を抱っこして歌ってくれたもので、スペイン全土のみならずコロンビアをはじめラテン・アメリカ諸国でも歌われているといいます。

デュエルメテ　ニーニョ　デュエルメテ　ヤー　（ねろねろ坊や　今すぐねんね）
ケビェニェル　コーコイ　テコメラー　（ココがやって来て　食べちゃうぞ）

八分の六拍子、広い音域の明るいメロディで、英語圏の子守唄「ハッシュ・ア・バ

エステル・マルチネズさん

「ナナ（子守唄）」

イ・ベイビー　オン・ザ・トゥリー・トップ……」に、これによく似た旋律のものがあります。最後が「ファ」という終止感のない音で、繰り返し歌うのに都合がいいのです。

「ココ」は正体不明の化け物だそうです。寝ない子への脅し唄で、類例は世界じゅうに見られます。日本では「モッコァ・モウコ・モコ」（東北）、「ゴンゴ」（山口）、「耳切り坊主」（沖縄）他、韓国では「トッケビ」、中国では「螞虎子《マーフーツー》」、スコットランドでは「クリスティ・クレイク」、イングランドでは「ボナパルト（＝ナポレオン）」、フランスでは「狼男」、等々。

スペインは十七の自治州からなり、先ほど述べた北西部のガリシア、南部のアンダルシア、北東部のカタロニア、北部のバスクなど、地方独自の文化伝統を持っています。カタロニアやバスクのように独立運動が盛んな地方もありますが、互いの違いを認め合って共に生きようとする多文化共生社会を実現させています。この子守唄は、スペイン全土さらにはスペイン語圏の人びとが、共に生きていく上での絆としての役割を担ってきたのかもしれません。

第17回　インドネシア　その一――「ゆらゆらゆれて」

今回と次回、二回にわたってインドネシアの子守唄を紹介します。教えてくれたのは立命館大学大学院で、「南方徴用女流作家」と呼ばれる、第二次大戦中にインドネシアへ派遣された日本人女性作家の研究をしている、インドネシア人留学生フィトリアナ・プスピタ・デウィさん（以下フィトリさん）です。イスラムの女性が頭に着用するヒジャブがよく似合う小柄な二十代の女性で、生まれはジャワ島ですが、人口集中を避けるために取られた移住政策により、現在ご両親はスマトラ島ランプン州に住んでいるといいます。

インドネシア共和国は東南アジア南部に位置し、東西五千キロに広がる約一万三千の大小の島により構成されます。人口は二億四千万人を超え（二〇一二年時点）、世界最大のイスラム人口国としても知られています。首都はジャワ島のジャカルタです。

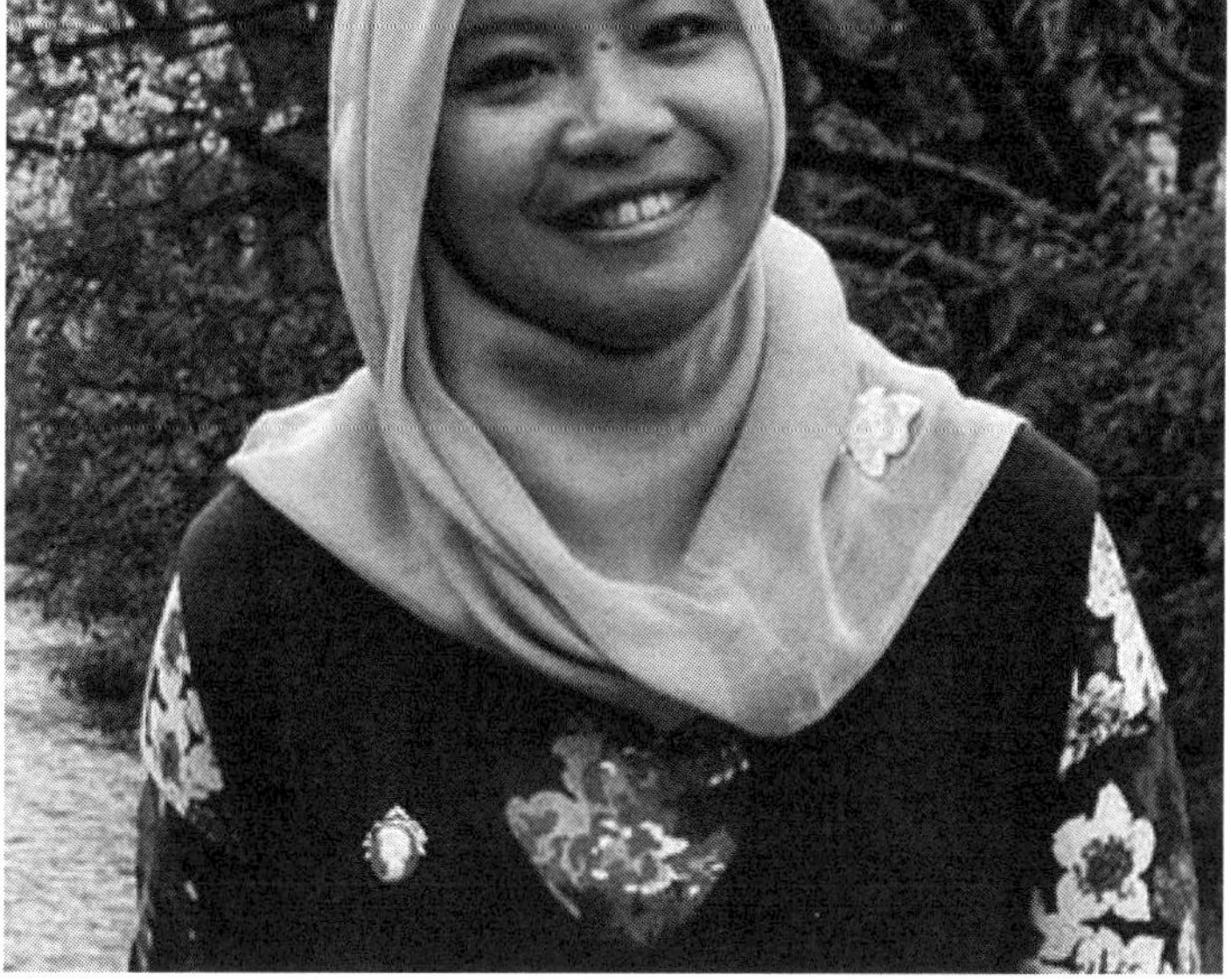

フィトリアナ・プスピタ・デウィさん

「ゆらゆらゆれて」

十六世紀より香辛料貿易の利を求めてポルトガル、イギリス、オランダが覇権を争いましたが、十七世紀初めからオランダ東インド会社の管轄下に置かれ、十八世紀末以降はオランダ本国政府による植民地支配を受けていました。第二次大戦中、日本の軍政下に置かれた後、一九四五年八月十七日にスカルノ（後の初代大統領）らによって国家の独立が宣言され、四九年に正式承認されました。

インドネシアは多民族国家であり、語彙も文法規則も異なる六百近い言語が地域ごとに日常生活では使われていますが、独立後は国民意識を育むことを目的にインドネシア語が公用語として使われるようになり、現在では第二言語として定着しています。そこで、今回はフィトリさんの出身地言語であるジャワ語の伝統的な子守唄「ゆらゆらゆれて」を紹介し、次回は独立後に普及したインドネシア語の子守唄を紹介してみたいと思います。

ターレロレロレロ　レドゥン
（ゆらゆら　ゆれて）
チュップ　ムヌンゴ　オジョ　ピジュル　ナンギス
（泣かないで　泣かないで）

アナック　シン　アユ　ルパネ
（美しい顔の　私の娘）
イェン　ナンギス　ンダ　イラン　アユネ
（泣くと　その美しさが台無しだよ）

四拍子のゆったりとしたテンポで、「ミーファーソーシー(高)ド」という、琉球音階と同じ五つの音で構成される音階をとり、寄せては返す波のように上昇と下降を繰り返す旋律は、ハワイの伝統音楽フラにもどこか似ていて、子どもを眠りへといざなうのに最適です。

「レロレロ」は「ゆらゆら」を意味するあやし言葉で、スレンダン・バティックと呼ばれるジャワ独特の長い布にくるんで抱っこした子どもを、揺らしてあやす様子を表しています。また、紹介した歌詞に続く部分には、ジャワの伝承世界の怪物ブトが登場します。ブトは森に住む緑色の巨人で、髪の毛が長く目が赤い。月夜には里にやってきて、泣く子をさらって食べるとされます。

子どもの頃、フィトリさんは両親からこの唄を聞き、自分の弟や妹にも歌ってあげたそうです。ただし、今では最後の方のメロディを忘れてしまったそうで、「せっかくの伝統文化だから、少し練習しなければ」と笑いながら話されました。

第18回　インドネシア　その二――「ニナちゃん　ねんねしな」

前回に引き続き、インドネシア人留学生、フィトリアナ・プスピタ・デウィさん（以下フィトリさん）から聞いたインドネシアのもう一つの子守唄を紹介します。前回はフィトリさんの出身地言語であるジャワ語の伝統的な子守唄「ゆらゆらゆれて」を紹介しましたが、今回は一九四五年の独立後に公用語として使われるようになったインドネシア語の子守唄「ニナちゃん　ねんねしな」です。

ニナ　ボボ　オー　ニナ　ボボ
（ニナちゃん　ねんねしな）
カラウ　ティダー　ボボ　ディギギット　ニャムク
（寝ないと　蚊に刺されるよ）

「ニナちゃん　ねんねしな」

マリラー　ボボ　オー　ノナ　マニス
（かわいいお嬢さん　ねんねしな）
カラウ　ティダー　ボボ　ディギギット　ニャムク
（寝ないと　蚊に刺されるよ）

「ニナ」は女の子の名前で、ポルトガル語の「メニーナ」に由来するそうです。また「ボボ」は「寝る」を表わす幼児語です。熱帯地方に位置するインドネシアには蚊が多く、赤ちゃんが寝ている時には、蚊を近づけないようにするネット（蚊《か》帳《や》の一種）を被せてやりました。寝たらネットの中に入れてあげるからということを、逆の形で脅すように知らせています。

曲は「ミーミーレードーレーミーファーソーファーミーレ」で始まる長調の音階で、低シから高ドまで九度の音域からなる親しみやすいメロディですが、近代以降のヨーロッパの童謡という印象を受けます。フィトリさんによれば、この唄は元々インドネシアのジャカルタに住むオランダ人が作ったもので、一九四二年生まれで六一年からインドネシアで活動したオランダ人とインドネシア人の混血歌

インドネシア・東ジャワ農村の子どもを抱っこしている母親
(歌い手のフィトリさんから提供)

手アンネケ・グレーローがオランダ人歌手ウィーテケ・ヴァン・ドルトと一緒に歌ってラジオを通して有名になったそうです。また、オランダ語版もあることから、元はジャカルタに住むオランダ人の家庭で歌われていたこの唄を、そこに雇われていたインドネシア人の女中たちが聞きおぼえて、インドネシア語でインドネシア全土に広めていった可能性もある、とフィトリさんは推測しています。

今日のインドネシアにおいて皆が知っている唯一の子守唄ではないかとフィトリさんが話すこの唄の旋律は、三百五十年にわたってこの国を植民地支配していたオランダをはじめとするヨーロッパの音楽文化の影響を強く受けています。歌詞も公用語としてのインドネシア語です。土の香りがしません。

この唄を流布させることは、語彙も文法規則も異なる六百近い言語が地域ごとに日常生活では使われているという多民族国家の国民意識を育むためにはやむを得ないことなのかもしれませんが、できることならもう一つ、前回紹介したジャワ語の子守唄「ゆらゆらゆれて」のような、地域の風土に根ざした、土の香りのする子守唄も一緒に覚え、次の世代へと歌い継いでいってほしいものです。

コラム3 歌うテナガザル

子守唄を歌うのは人間（人類）だけではなく、他の動物たちも歌っているのではないだろうか？ そんな疑問を抱く人がいるのではないでしょうか。この問いは、子守唄の原像を探ろうとする本書のテーマと密接にかかわっていると思われます。

そこで、この疑問に迫ろうとしている井上陽一『歌うサル――テナガザルにヒトのルーツをみる』（共立出版、二〇二二年）をご紹介したいと思います。

この本は、高校で地学の教師をしていた井上が、動物園実習の下見に京都府福知山市動物園を訪問した時、「幼児のテナガザルは二本足で園庭をひょこひょこと歩きまわり、見学に来ていた小学生たちに抱きついた。そしてじゃれあって遊んだ。なんだか兄弟で遊んでいるように見えた」（vi頁）、その時の驚きがきっかけとなり、京都大学霊長類研究所や東京大学の岡ノ谷一夫研究室に助言を求めながら、マレーシア領のボルネオ島北部の保護区で二十年間にわたって調査をおこなった成果をまとめたものです。

霊長類の中で、歌うのはヒト以外ではインドリ（マダガスカルに棲む）、メガネザル（インドネシア、ボルネオ島やフィリピン諸島に棲む）、ティティ（南米に棲む）とテナガザルだけである。さらに驚くべきことに、これら歌うサルはすべて一夫一妻制の社会制度をもっている。歌と一夫一妻制には何か関連があるのかもしれない。

（一二頁）

……読者の中にはテナガザルが歌うというと、「本当に歌うのか？　ただ声を出しているだけじゃないの？」と思われた方もいるかもしれない。では動物の歌とはどのようなものなのだろうか。調べてみると、「動物の歌は複数の種類の音が連続して発せられ、それが音配列やパターンとして認識されるか、またはある種の法則性をもったフレーズの連続体である場合をいう」と定義されていた（Thorpe, 1961）。テナガザルの歌はこの定義に照らしてみるとどうだろうか？　ボルネオテナガザルの歌には、雄の歌（ソロ）と、雄と雌の鳴き交わすデュエットがある。

（四九頁）

……ある時、鳴き交わしについて調べていたら、秋田県の横手市と美郷町に「掛唄（かけうた）」という伝統行事のあることがわかった。……掛唄というのは、二人の人が交互に歌い交わす行事である。基本的に既存の定型表現が歌われること

がほとんどなく、歌い手たちはその場で思いついたことを決まった旋律（仙北荷方節）に合わせて即興で歌う。歌詞の多くは日常会話にかなり近い表現であり、掛唄の掛け合いはふしのつけられた会話と見なすことができる……。

二人で交互に会話するように歌い、その歌詞の話題は、娯楽や気候、飲酒、秋田と新潟、掛唄など多様である。掛唄はテナガザル雄のソロの鳴き交わしとよく似ている。テナガザルの場合も交互に歌い、歌われるフレーズの音配列は決まりきっておらず、微妙に変化し多様である。掛唄は娯楽として歌われる。テナガザルも歌い合うことを楽しんでいるのかもしれない。

さらに、このような掛け合い歌は中国南部からベトナム、インドシナ半島、フィリピンやインドネシアにも分布していたその歴史は古いようだ。テナガザルとヒトとは系統的に離れているが、同じような歌行動が見られるのは興味深い。（六一頁）

このくだりには、掛け合いで歌う子守唄が大分県宇目《うめ》町に「宇目の唄げんか」として伝承されていることを思い出させ、興味深いです。残念ながら、はっきりと、テナガザルの母親や父親が子守唄を歌っているという記述はありませんでした。けれども、テナガザルの「子が親のことばを聞き、それを模倣してことばをしゃべるようになっていく」発声学習をするのかどうかを調べてみたところ、親の歌を子が学んでいるということが分かったとして、井上は次のようにまとめています。

子は六歳までは雄も雌も同じ道筋で雌の歌（グレートコール）を発達させる。雌はその後も雌の歌を発達させるが、雄は六歳から雄の歌（ソロ）を歌い始め、七歳まで雄と雌の歌を両方歌うが、七歳を過ぎると雄の歌だけをうたうようになる。この過程で親の歌と同調、または鳴き交わしすることによって子は声を出す。（八八頁）

つまり、子どもを心地よくさせて、寝かせつけるためのうたではないかもしれないけれど、子どもが雌であれば雌のうたを、雄であれば雄のうたを歌えるように、それぞれ学習して習得できるようにするために、両親が歌っているというのです。これは、英語圏の伝承童謡（ナーサリーライム）が、英語の発音やリズム感覚を学習するのに適した教具となっていると一般に広く認識されていることを思い出させます。そして、子守唄もまたナーサリーライムに含まれていることは言うまでもありません。その意味において、テナガザルも広い意味での「子守唄」を歌っていると見なしてもいいのではないでしょうか。

第*19*回　シリア　その一――「愛する人を私のもとへ」

今回と次回の二回にわたり、シリア人留学生ナーヘド・アルメリさん（以下ナーヘドさん）から聞いたシリアの子守唄を紹介します。ナーヘドさんは一九八七年にシリア西部の町ホムスに生まれ、ダマスカス大学日本語学科を卒業後、二〇一一年九月に来日し、筑波大学大学院博士後期課程で童謡詩人・金子みすゞの研究に取り組んで、二〇二〇年に博士号を取得しました。

彼女が来日する半年前に始まったシリア内戦は、その後絶望的な泥沼化をたどり、今なお続いていることは周知の通りですが、私自身「紛争の国」という以外のこの国に対するイメージは、童謡「月の沙漠」で歌われたような世界でした。けれども、そのことをナーヘドさんに話したところ、「皆さん、そんなふうに思っておられますが、東部の方を除けばシリアには沙漠はありません」とのことでした。インターネットで検索してみると確かに、「国土の内、西部の地中海沿岸部には平野が広がっており、南部は肥沃な土地が広がっており、国内農業のほとんどを負担している……」（wikipedia「シリア」）とあり、彼女の生まれた町ホムスの紹介サイトにも緑豊かな「かつての」町の写真が載っていました。だが同じサイトには、空爆で破壊し尽くされた現在の写真も紹介されています。おそらく私は、白々と広がるコンクリートの残骸に白い沙漠のイメージを重ね合わせて、「月の沙漠をはるばると　旅の駱駝が行きました……」という幻像を勝手に作り上げていたのでしょう。

彼女が歌ってくれた三編の子守唄のうち、今回は「愛する人を私のもとへ」を紹介してみたいと思います（原語はアラビア語、ナーヘドさんの日本語訳を筆者補筆）。

ああロザナよ　あなたの中に　全ての幸運がある
ロザナよ　あなたの行いに対して　神様の報いがありますように
ロザナに乗って　アレッポに向かう船乗りたちよ
あなたたちの中に　私の愛する人もいる
あなたたちは　ブドウを運んでいる　ブドウの下には　リンゴを積んでいる
まわりの人たちは　愛する人と一緒なのに
私の愛する人は　ここにはいない

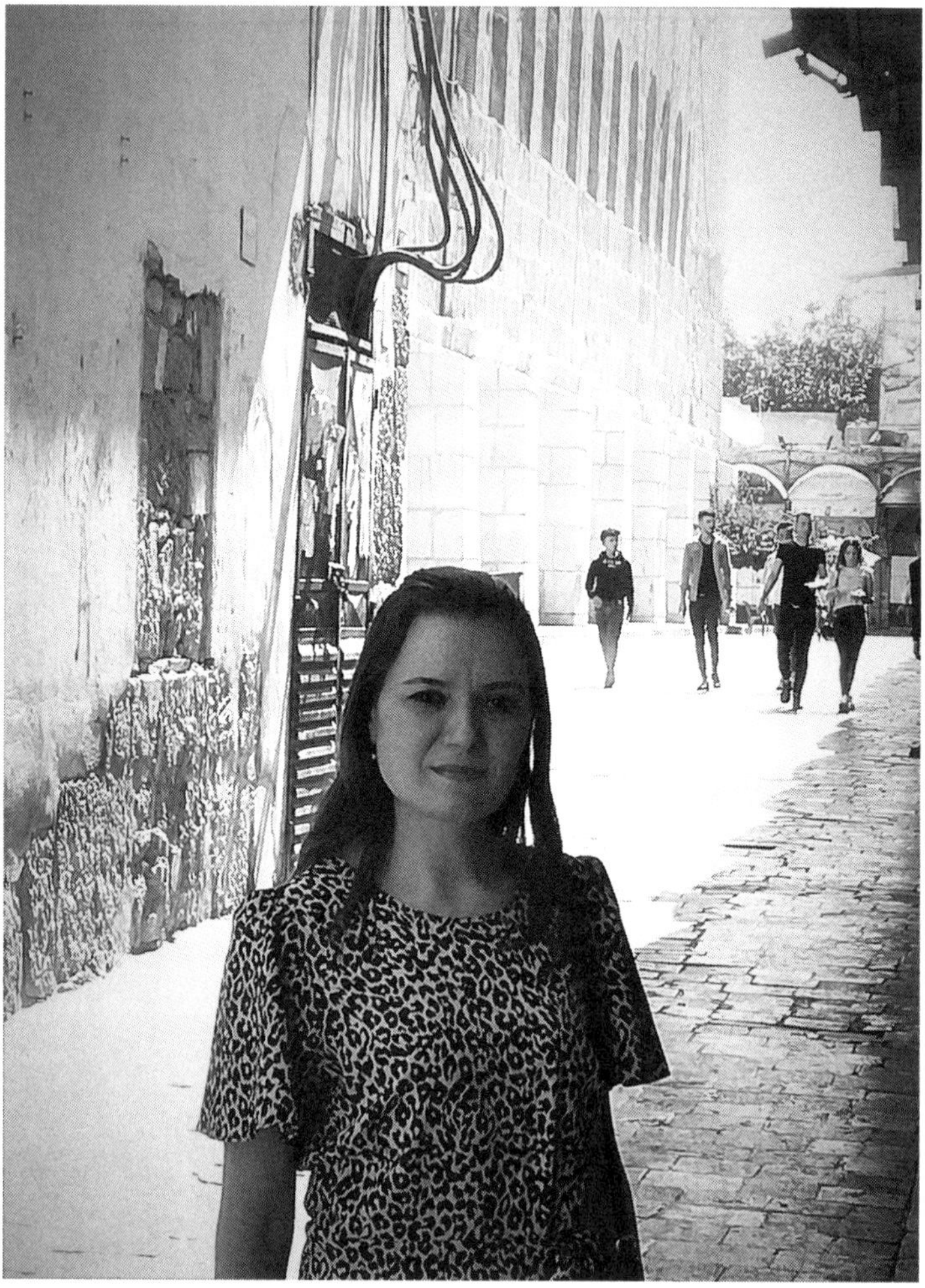

ナーヘド・アルメリさん（2023年7月、ダマスカスにて）

「愛する人を私のもとへ」

ああ神様　私の愛する人を　風とともに　私のもとへ届けてください

八分の六拍子で歌われる旋律は抑揚が小さく、呪文を唱えているようにも聞こえます。「ロザナ」はシリア北部の町アレッポとレバノンの港との間を運航した輸送船の名前。第一次世界大戦中、オスマン帝国が自国の安いブドウやリンゴをレバノンの市民に売り、レバノンの商人や農民に打撃を与えました。それを見かねたアレッポの商人たちがロザナをレバノンに送ってこれらを買い取り、彼らを救ったという歴史的出来事に基づいている唄だといいます。

遠く離れた愛する人のことを想い、自分の許《もと》に戻ってくることを祈る恋歌であり、歌詞の中に子どもは登場しません。第一回に紹介したように、英国スコットランドにも「今夜私は眠れない／大切なあの人が帰ってこないから」と歌われる子守唄がありますが、どこの国でも、歌い手のやるせない想いを受け止めてくれるのが、つぶらな瞳で見つめる幼な児なのかもしれません。

第20回　シリア　その二――「アンズの実を摘もう」

前回に引き続き、ナーヘド・アルメリさんから聞いたシリアの子守唄を紹介します。まず「アンズの実を摘もう」は、寝た子へのご褒美を約束する子守唄で、世界の子守唄の定番モチーフです。日本であれば餅や赤飯、英国スコットランドではウサギの毛皮やミルクが、起きた子どもを待っています。

アッティティチー　アッティティチー
アンズの実が　アンズの木に生《な》っている
風が吹いたら　ヌーラちゃんに　アンズの実を摘んであげよう

旋律は前回の唄とよく似ており、「ドーレーミーファ#ーソ」の五音で構成され、ミ

「アンズの実を摘もう」

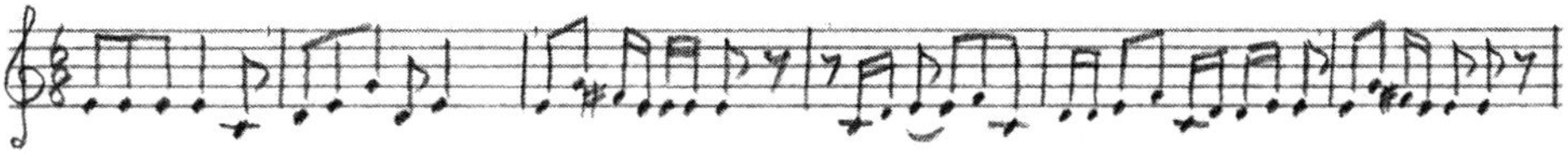

が核音となる「アラビア風」の抑揚を持っています。リズムは三拍子や四拍子などの小節に分節化することが難しいです。歌詞については、「アッティティチー」は特に意味のない、リズムを作るための言葉で、英語では「ジングル」と呼ばれます。内戦が始まる前、シリアの民家の庭には大抵、アンズやイチジクやブドウなどの果樹が植えてあったそうで、ヌーラちゃん（別の名前でも構わない）が眠ったらその実をご褒美にあげようというのです。

もう一曲、ちょっと残酷な内容を含む子守唄を歌詞のみ紹介しておきます。

ねんねん　ころり　ねんころり
ヌーラがおやすみ　してくれたなら
焙った鳩を　ヌーラに食べさせよう
鳩さん　そんなことはしないからね
ヌーラが寝てくれるように　嘘をついただけだから

実際にシリアで鳩が食用とされることはそんなに多くないそうで、子どもをドキッとさせるためだろうとナーヘドさんは見ています。残酷さもまた、世界の子守唄の定番です。ただし、子ども自身を食べちゃうぞと脅かすのではなく、鳩を焙り焼きして子どもに食べさせようと言った後で、鳩に対して「嘘だよ、安心して」と呼びかけています。手が込んでいて面白いです。百年前に創刊された日本の児童文芸雑誌『赤い鳥』に掲載された童謡に登場しそうな、動物への呼びかけをモチーフに含んでいます。ナーヘドさんが日本で金子みすゞ研究に取り組むことになった淵源はこのあたりにあるのかもしれません。ちなみに、日本の「ねんねんころり」にあたるシリアのあやし言葉は「ヤッラ　トゥナーム」だそうです。

前回紹介した「愛する人を私のもとへ」と今回の二曲はいずれも、ナーヘドさんが生まれ育ったホムス周辺の地域で伝承された子守唄で、歌詞はアラビア語のホムス地域の方言だそうです。シリアでは、アラビア語の文字はコーランを記した神聖なものであるため、方言を文字として記録することはタブーとされており、方言で歌われる子守唄やわらべ唄、方言で語られる昔話や世間話の類いは記録されてこなかったそうです。

いつかまた、こうした唄やお話が心置きなく子どもたちに届けられる日が、早く戻ってきますように。

アンズの実

金子みすゞの童謡を読む
西條八十と北原白秋の受容と展開
ناهد المرعي
ナーヘド・アルメリ 著
Nahed ALMEREE
港の人
minato no hito

第21回　アイスランド　その一――「おやすみ　愛するわが子よ」

今回は北欧の小さな島国アイスランドの子守唄をご紹介します。立命館大学で二〇一八年四月から七月まで短期留学生として学んでいた二十代の女性リサ・マーガレット・ジョンスドッティアさんから六月に聞かせてもらいました。

アイスランドは火山と温泉が多く、主産業は漁業・水産物加工業で捕鯨も行われています。首都はレイキャビク、面積十万三千平方キロメートル（北海道―八万三千平方キロ）、人口約三十万人（ちなみに日本の都道府県で人口最小は鳥取県で約五九万人です）。二〇一八年六月のワールドカップ・ロシア大会で、強豪アルゼンチンと一対一で引き分けて国民を熱狂させせました。ノルウェーやデンマークなどスカンジナビア諸国との歴史的なつながりが深い一方で、アイルランドや英国スコットランドからの入植者もあり、ケルト系文化の影響も見られます。中でも有名なのが、古ノルド語（古代アイ

「おやすみ　愛するわが子よ」

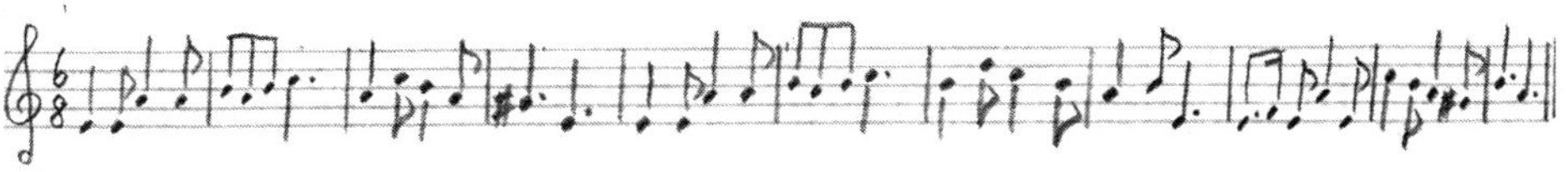

スランド語）による作者不詳の散文物語「サガ」で、十二世紀から十三世紀ごろに書かれたとされます。内容は、歴代のノルウェー王の伝記、アイスランドへの植民とキリスト教化の歴史、島民のいさかいと裁判、古代ゲルマン民族の伝説など多岐にわたります。

今回、リサさんが「アイスランドで一番有名な子守唄」と言って紹介してくれた「おやすみ　愛するわが子よ」も「サガ」にちなんだ唄だそうですが、詳しくは分からないようです。原詞はアイスランド語で、リサさんによる英訳を私が日本語に訳したものを紹介します。

おやすみ　愛するわが子よ　外は雨音が叫んでいる
ママが　あなたの宝物の　古い骨と　宝石箱を守ってあげる
この暗い夜　ずっと起きていてはいけない

暗闇は　たくさんのことを知っている　私の心は　重く沈んで
いる
緑の草原が燃えて　黒い砂ができるのを　私は何度も見てきた

静かな氷河の　深い裂け目の中で
ずっとおやすみ　しずかにおやすみ
でも本当は寝ないで　起きているのが一番いい
さまざまな困難が　やがて教えてくれるだろう
日が昇り　日が暮れる　その間に　人は愛し　失い　泣き　別れを惜しむ

曲は古風な舞曲をイメージさせる八分の十二拍子の陰りを帯びた旋律です。第4回で紹介したフィンランドの子守唄にも似ており、共通のルーツを感じさせます。歌詞は意味不明な所が多いのですが、「暗闇」「深い裂け目」「困難」「別れ」など、子守唄には似つかわしくない不吉なフレーズがいくつも登場し、いにしえの長大な物語世界が背後にあることをうかがわせます。

リサ・マーガレット・ジョンスドッティアさん

第22回　アイスランド　その二――「妖精エルフの子守唄」他

前回に引き続いて、リサさんがお祖母さんから聞いて覚えたというアイスランドの子守唄を二つ紹介します。アイスランド語で歌われたものをリサさん自身が英訳し、これを私が日本語訳にした歌詞を掲載します。最初は「妖精エルフの子守唄」です。

森の中の　月の光の中に　私が立っていると
おびただしい数の　妖精エルフたちがやってきた
角笛を吹いて　瞬く間に私の前に現われた
明るい月の夜に　鐘の音が響き渡った

エルフたちは真っ白な馬に乗って　空中を駆けて行った

「妖精エルフの子守唄」

角笛の音は　牧場を黄金色に輝かせた
そしてエルフたちは　灰色の丘から飛び立つ白鳥のように
羽ばたきの音と歌声とともに　山を越えて南の空へ飛び去った

アイスランドの妖精エルフは、人間に幸いも災いももたらす存在で、生まれたばかりの人間の子どもを連れ去り、代わりに自分の子どもを置いていく「取り替え子」の言い伝えもあります。また大きな岩はエルフの住み家だとされ、道路をつけるために岩をどけようとすると、たたりがあるというので、岩を迂回している道路が見られるそうです。これは「エルフの岩」と呼ばれています。

次の子守唄は、「谷間に暮らす私のママ」ではじまる唄で、次のような物語唄の挿入歌だそうです。――ある谷間の家に暮らす母親が、貧しさ故に子どもを山に棄てる。数年後、パーティが開かれると知り、母親も行きたいと思ったが、着ていく服がないのでどうすればいいか案じていると、山の方から棄てた子どもの歌声が聞こえてくる。《谷間に暮らす私のママが／パーティに着ていくドレスがないと嘆いている／心配しなくていいよ／私が用意してあげるか

アイスランドのオーロラ

ら》。母親は歌声に導かれて美しいドレスを見つけ、パーティに行くことができた——。

母親に棄てられたにもかかわらず、精霊となった子どものたましいはこの母親のことを怨むのではなく魔法を使って援助するという、ある意味で「理不尽な」物語です。もしかしたら、かつて話の続きがあって、例えば母親がパーティの席上大失態を演じることになったのかもしれませんが、リサさんが知っているのはパーティに行くところまでだそうです。こちらの唄は楽譜を載せておきます。四分の四拍子のゆったりとしたテンポで歌われ、もの悲しい旋律が、この唄のルーツの古さを物語っているようです。

こうした豊かな口承文芸がこの国に伝承されてきたのは、夏の間に盛んに行われた、他の民族や社会集団との海洋交易に伴う文化交流と、冬の間の悪天候と長い夜を凌ぐための、隣近所でしばしば催される「歌や語りや踊りの集い」に拠るところが大きいとリサさんは見ています。今日でも、夏の間は星空の下で焚き火を囲んで、また冬の間はご近所のお宅に集まり暖炉を囲んで、ともに歌い語り踊る、それがこの国の人びとの流儀だそうです。何ともうらやましい話です。

第23回 ソロモン諸島――すべての御霊の守り唄

一九九三年五月、英国公共放送BBCのラジオから「子守唄［lullabies］」という三十分の番組が二回にわたってオン・エアーされました。その一年ほど前から英国スコットランドのエディンバラ大学で子守唄の調査研究を始めていた私にとって、現地録音された世界各地の子守唄を社会的・文化的背景の解説とともに紹介するこの番組はとても興味深く、友人の助けも借りて二回ともエアーチェック（録音）しました。今回は、この音源からソロモン諸島の子守唄を紹介します。

ソロモン諸島は、南太平洋のメラネシアに位置し、熱帯雨林に覆われた百余りの火山島とサンゴ礁の島から構成される国です。民族構成は、メラネシア人が九三％で、次いでポリネシア人が四％です。公用語は英語ですが、現地語と英語とが混ざって形成されたピジン言語が部族間の共通語となっています。

「お母さんは野菜を取りに」

首都ホニアラがあるガダルカナル島は、一九四二年八月から翌年二月まで、日本軍と連合軍がその領有をかけて激しい戦いを繰り広げ、ミッドウェー海戦と共にアジア太平洋戦争における攻守の転換点となった「ガダルカナルの戦い」の舞台として知られます。二万二千人を超える日本兵、約七千人の連合軍兵、そして多数の現地住民が巻き添えとなり命を落としたとされます。

一九七八年に英国連邦王国として独立し、国家元首は英国のチャールズ三世（二〇二三年六月現在）です。今日、海面上昇と海水による浸食の脅威に直面しており、気候変動が住民の生活に深刻な影響を与えていると言われます。

番組で使用された音源については、マレイタ島で現地収録されたということ以外、収録日や歌い手の氏名なども分かりません。解説によれば、もともとは二本の葦笛（pan-pipes）用の器楽曲で、これを聞いていた女性たちが歌詞をつけて子守唄として歌うようになったのではと考えられており、子守唄としては珍しい、デュエットで歌われています。長いハミングの後、「お母さんは野菜を取りに、タロ芋を取りにいっているよ、お父さんは菜園で働い

ソロモン諸島の子どもたち

ているよ、お前のために食べ物を取ってきてくれるよ」といった歌詞が付いています。

ゆったりとした二分の二拍子のリズムに乗せて、下から「(低)ラードーレーミーソーラ」のペンタトニック(五音音階)で構成された、もの悲しくも美しいメロディです。主旋律となる低音部だけを見ても、その音域は(低)ミから(高)ドまで十四度にわたっており、元は器楽曲だったという説に納得が行きます。ただ、はじめてこの唄をラジオで聴いた時、遠く日本を離れて暮らしていた私には、唱歌「故郷」に対するような、望郷の感覚が呼び起こされたことを記憶しています。果たして他の国や地域の人たちにおいても、私と同じような感覚がこの唄を聴くことで生まれるのかどうか、いつかぜひ確かめてみたいものです。

そして、この唄が「ガダルカナルの戦い」で亡くなられた全ての御霊《みたま》を、国境も人種や民族の壁も超えて、そっと静かに慰める「守り唄《も　》」として、いつまでも歌い継がれていくことを願っています。

第24回　スロヴァキア――「私にそっと弾いて」

今回ご紹介するのは、中央ヨーロッパのスロヴァキア共和国の子守唄です。首都はブラチスラヴァで、北西にチェコ、北にポーランド、東にウクライナ、南にハンガリー、南西にオーストリアと隣接し、森林地帯とステップ性高原地帯からなる緑豊かな国です。「スロヴァキア」とは「スラブ人の国」を意味します。長らくハンガリーの支配下にありましたが、第一次世界大戦後、オーストリア・ハンガリー帝国からチェコと合併するかたちで独立し、その後、一九八九年のビロード革命による共産党政権崩壊を経て、一九九三年にチェコスロヴァキアから分離独立し現在に至ります。

二〇一九年七月、取材に応じてくれたのは、当時、立命館大学大学院文学研究科で日本文学を学ぶオンドレイ・マラティネツさんです。スロヴァキア中部・ポドポラニェ地方の出身で、チェコのブルノ市にあるマサリク大学日本語学科を卒業した後、来日しました。日本語に興味を持つきっかけはコミックやアニメで、特に漫画「ＮＡＲＵＴＯ」が好きだといいます。

伝承の子守唄はよく知らないので、と言って彼がＹｏｕＴｕｂｅで検索して聴かせてくれたのが「私にそっと弾《ひ》いて」という子守唄です。オンドレイさん自身による日本語訳は次の通りです。

私にそっと弾いて　カエデのヴァイオリンよ
坊やが　少しの間　寝てくれますように

オンドレイ・マラティネツさん

おやすみ　おやすみ　ヤニーチェク
ハヤユー　ハヤユー　お母さんは　野原へ行き　花を摘む
坊やをそばに　横たえて
白く輝く　わが天使
お前は誰にも　渡さない　この世で一番　愛しいわが子
ハユ　ハユ　ハユ　ハユ
カエデさん　どうしてこの曲　弾いてるの？
それはね　この子のことが　大好きだから

赤ん坊のヤニーチェクを連れて花を摘みに草原にやって来た母親が、その子をカゴの中に横たえて寝かせつけようとしています。「カエデのヴァイオリン」とは、風に揺れるカエデの葉擦れの音が、ヴァイオリンの音色に聞こえたのでしょうか。途中の「ハヤユー」や「ハユ」はあやし言葉で、日本の「ねんねん」に当たるものです。最後の「どうして……」「……大好きなの」はカエデの言葉と受け取れます。赤ん坊のことをはじめて見たカエデすら「大好き」と素敵な曲を奏でたくなるぐらい「この世で一番」の愛らしさなのです。

採譜にあたり、一応八分の六拍子としてみたが、実際には拍子の枠に捉われず長音

「私にそっと弾いて」

を自在に伸ばしています。音階は「(低)シ－ド－レ－ミ－ファ#－ソ」で、教会旋法の一つ「リディア旋法」と見なせます。途中に出てくる「メリスマ」(日本民謡のこぶしに近似)の唱法からも、グレゴリアン・チャントを想起させますが、一方、ブルガリアン・ボイスをはじめとするスラブ民謡の流れをも汲んでおり、「スラブ人の国」の古い歴史を刻んだメロディであることが窺えます。

コラム4　物語の中で歌われる子守唄

第1回の中で、人間に姿を変えた空想上の生き物・水馬が、人間の女性と結婚し子どもが生まれた後に、自分の正体を知った妻に人間の世界へ立ち去られて、幼な児を抱えて、「愛しい人よ、美味しい鮭を獲ってきてあげるから戻ってきておくれ」と嘆いて歌う、水馬の子守唄が挿入されるスコットランドの昔話について紹介しました。同じように、昔話や伝説のような口伝えの物語の中には、子守唄が重要なモチーフ（構成要素）を担っているものが、世界各地に見られます。

「大工と鬼六《おにろく》」と呼ばれる昔話をご存知でしょうか。

とても流れのはやい川がありました。なんぼ橋をかけても流れてしまう。村の人たちも、とんと困り果て、評判のよい大工をたのんで橋をかけることにきめました。

その大工はうんと上手で、すぐとよいと返事をしたが、心配なので、川の淵さ、つっつこぼこして、流れる水を見ていたら、水の泡からプックリと大きな鬼が出ました。そして「大工さん何考えている」と言ったから大工が「橋をかけねばならぬ」と言ったれば、鬼が「お前の目玉よこしたら橋をかけてくれる」と言いました。大工は「おれならどうでもよい」と言ってその日は別れました。

次の日行って見たれば橋が半分、かかっており、又次の日行ったれば、ちゃんと橋が出来ており、鬼が来て「目玉よこせ」と言いました。

大工は待ってくれと言って、あてなく山さ逃げて、ブラブラ歩いていたれば、遠くの方から子守唄がきこえました。「早く鬼六　まなく玉　持ってこば　えいなあ」と聞こえました。大工は本性に帰って、自分の家さ帰りました。

次の日、又鬼に逢いました。鬼は「早く、目玉よこせ。もしも、おれの名前を、あてたら目玉よこさなくてもよい」と言いました。大工は、よしと言いながら「何それ」と言ったれば鬼は「そうでもない」又「何それ」「そうではない」一番、後から大工は大っきな声で「鬼六！」。そうしたれば、その鬼は、ポッカリ消えましたとさ。

（織田秀雄編「鬼六と大工」、『天邪鬼』第三号、一九二八年に所収）

この話は「日本のグリム」とも称される佐々木喜善が聞きとめた昔話をまとめた『聴耳草紙』（一九三一年）にも収められて、それ以降、柳田国男や関敬吾をはじめ、数多くの昔話の研究者が編集した昔話集にも登場し、さらに松居直再話・赤羽末吉絵『だいくとおにろく』の絵本が福音館書店から一九六二年に刊行されて以来、さらに広く日本の昔話として普及していきました。

ところが、一九八六年、日本口承文芸学会で櫻井美紀が新事実を発表しました。この話は北欧のオーラフ上人の教会建立伝説を下敷きにして、大正時代に童話研究家として活躍した水田光が、義弟である神話学者・松村武雄の指導を受けて、翻案と呼ばれる、日本を舞台にした話に改変したものを、「鬼の橋」という題名で一九一七年に発表したものであり、これが巖谷小波や久留島武彦をはじめとする「口演童話」の活動家によって全国各地で語られていく中で、岩手県や山形県で語られたものが、織田をはじめとする昔話の収集家や語り手によって、地元で伝承されてきた昔話として記録されることになったのではないかというのです。現在も、これを覆す資料は見つかっておらず、「大工と鬼六」＝「北欧伝説の翻案」という櫻井説が正しいだろうと、昔話研究者の意見は一致しています。

それでは、北欧の教会建立伝説、水田の「鬼の橋」、織田の「大工と鬼六」、三者はどのような共通点と相違点を持つのか、櫻井美紀『昔話と語りの現在』（久山社、一九九八年）を元に、一部修正して次のような表を作成してみました。

	北欧伝説	水田「鬼の橋」	織田「大工と鬼六」
主人公	聖オーラフ上人	大工（源助）	大工
建造物	教会	橋	橋
援助者	巨人	鬼	鬼
要　求	日と月もしくは上人の身体	名当て→目玉	名当て→目玉
歌　声	母らしいものの声	女の声	（なし）
子守唄	黙れ、黙れ、いとし児よ、明日は父なる「暴風雨」の君が、うまし土産を持ち帰る、月か日かや、上人か。	泣くなよ泣くな、ねんねしな、鬼六さんの子は強い。泣くなよ泣くな、ねんねしな。明日はよい日だ、お父さんが、かはいい土産を持って来る。かはいい土産は何だらう、源助おやじの眼の玉よ	早く鬼六　まなく玉　持ってこば　えいなあ
名　前	「暴風雨」の君	鬼六	鬼六

柳田や関をはじめとする名だたる研究者たちが、この話が日本の昔話だとすっかり信じてしまった理由の一つには、翻案した水田のすぐれた文章力があるでしょう。けれどもそれと同時に、子守唄が秘密を封じ込める魔力を持つものだという見方があり、「子守唄内通」をはじめ、いくつもの日本昔話の中にそうした子守唄が登場するからではないでしょうか。

日本でも外国でも、子守唄には不思議な力があると考えられてきたからこそ、世界の昔話や伝説の中でしばしば子守唄が重要な役割を担っているのです。

第25回 ウクライナ——自由と優しさの国民性

今回は、前回ご紹介したスロヴァキアの東隣りに位置するウクライナの子守唄を紹介します。首都はキエフ（キーウ）で、東にはロシア連邦、北にベラルーシ、西にはスロヴァキアの他にハンガリー、ポーランド、ルーマニア、モルドバ、南には黒海を挟んでトルコが位置しています。国土のほとんどが「ヨーロッパの穀倉地帯」とも称される肥沃な平原と、ステップ（草原）、高原で占められています。また有数の鉄鉱石の産地でもあります。気候は温暖な大陸性気候ですが、クリミア半島南岸は地中海性気候に近いです。

主要民族はウクライナ人で約八割を占めますが、東部を中心にロシア人が約二割いて、またいくつかの少数民族もいます。国家語はウクライナ語ですが、ロシア語と両方使えるという人も多いようです。十六〜十八世紀、「コサック」と呼ばれる軍人共同体が支配していました。十八世紀から十九世紀にかけてはロシア帝国とオーストリア帝国の抑圧政策を受け、一九二二年以降はソビエト連邦を構成する社会主義共和国でしたが、一九九一年ソ連の崩壊に伴い独立しました。一九八六年チェルノブイリ原発事故が発生し、国内外に大きな被害が及んだことも忘れてはなりません。

二〇一九年、取材に応じてくれたのは、当時、立命館大学大学院で川端康成の研究をしていたユリヤ・マルコザさんです。ウクライナ中部のクリボイログ出身で、本国にいた頃、村上春樹を愛読し、二〇一五年に交換留学生として来日しました。それ以来、研究対象は三島由紀夫、そして川端へと移り、近現代日本文学研究の「王道」を歩んでいます。今回ユリヤさんが歌ってくれたウクライナ語の子守唄は、本国でとても有名だそうです。

窓の下を　眠り王子が歩いてる　垣根の下を　眠り姫が歩いてる
眠り王子が　眠り姫に尋ねる　「今夜はどこに泊まろうか？」
「この家はとってもあったかそうだし　この家の子どもはとってもちっちゃい
　この家に泊まろうよ／可愛いこの子をあやしてあげよう」
猫が　にゃ〜んと鳴き　子どもが　ふぁ〜とあくびする
可愛い子猫は　にゃ〜んと鳴き　ちっちゃな子どもは　だんだん眠くなる

「窓の下を眠り王子が歩いてる」

第三回に紹介したエストニアの子守唄にも登場する「眠りの精（＝子どもを眠りへといざなう精霊）」が、ここでは男性と女性の二人で登場します。どの子の家に泊まるか相談して決めます。猫の鳴き声があやし言葉のように眠気を誘っているのが興味深いです。

旋律は「ミーミードーミ　レーレー(低)ラード」ではじまる短音階のシンプルなメロディで、四分の三拍子の前半部、四分の四拍子の後半部という構成を取っています。「自由と優しさがウクライナの国民性です」とユリヤさんは話してくれましたが、もの悲しさを基調としながらも、温かさと優しさを湛えたその旋律はきっと、ウクライナの国民性を育んできたに違いありません。

＊このインタビューをしてから三年後の二〇二二年二月、ロシアによるウクライナへの軍事侵攻が起こりました。二〇二三年七月現在もなお戦闘は続いています。一日も早く戦火が収まり、ウクライナの人びとに平和が訪れることを願ってやみません。

ユリヤ・マルコザさん

第26回　アフガニスタン――中村哲さんも聞いた？子守唄

二〇一九年十二月四日、アフガニスタン東部ジャラフバードで、現地の人道支援に取り組んでいたNGO「ペシャワール会」の現地代表で医師の中村哲さんが、銃撃を受けて逝去しました。

「生きるため傭兵になる男らを緑の大地に導きし人」（こやまはつみ）

「アフガンに懸けし生涯冬北斗」（縣展子）

（「朝日歌壇・俳壇」二〇一九年十二月二十二日・二十九日より）

生前、中村さんは、「自分は一介の臨床医で、もの書きでも学者でもありません。ただ、生身の人間とのふれあいを日常とする医師という立場上、新聞などでは伝わらぬ底辺の人びとの実情の一端を紹介することができるだけです」（中村哲『アフガニスタンの診療所から』ちくま文庫、二〇九頁）と記し、また長男の健さんに「俺は行動しか信じない」と語っていたそうです。一方で、若き日に傾倒した思想家として内村鑑三、宮沢賢治、西田幾多郎、カール・バルト、ビクトール・フランクル等の名を挙げているように（中村『天、共に在り――アフガニスタン三十年の闘い』NHK出版、四五頁）、その行動は深い思索に裏打ちされたものだったと感じられます。

「天、共に在り」……本書を貫くこの縦糸は、我々を根底から支える不動の事実である。やがて、自然から遊離するバベルの塔は倒れる。人も自然の一部である。それは人間内部にもあって生命の営みを律する厳然たる摂理であり、恵みである。科学や経済、医学や農業、あらゆる人の営みが、自然と人、人と人の和解を探る以外、我々が生き延びる道はないであろう。それがまっとうな文明だと信じている。その声は今小さくとも、やがて現在が裁かれ、大きな潮流とならざるを得ないだろう。（二四六頁）

ところで、アフガニスタンと「子どものうた」で思い起されるのが、二〇一二年八月、シリアのアレッポでやはり凶弾に斃れたジャーナリスト山本美香さんの、次のようなエピソードです。一九九六年、彼女にとって初めての紛争地取材となるアフガニ

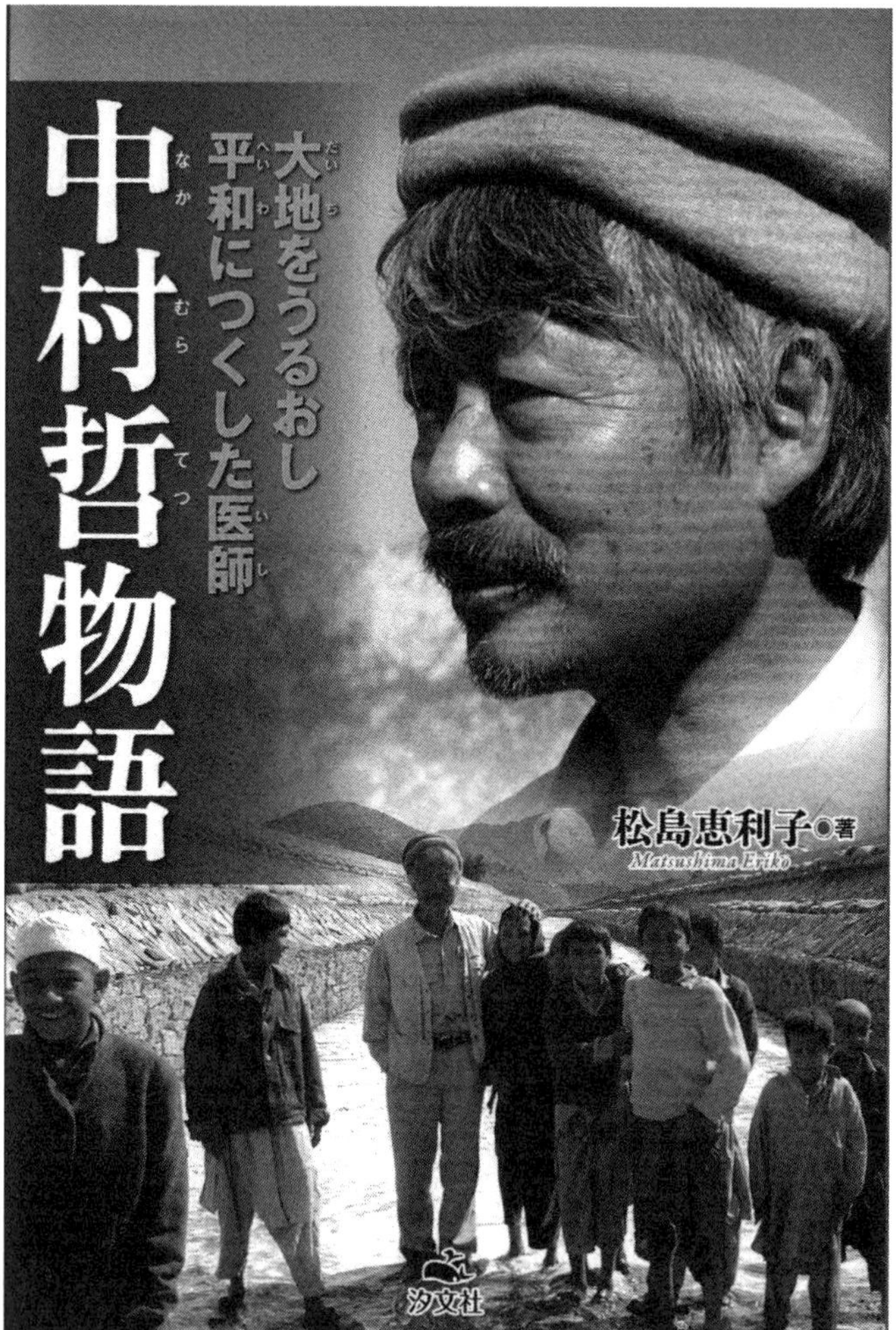

松島恵利子『大地をうるおし平和につくした医師　中村哲物語』汐文社

（アフガニスタンの子守唄）

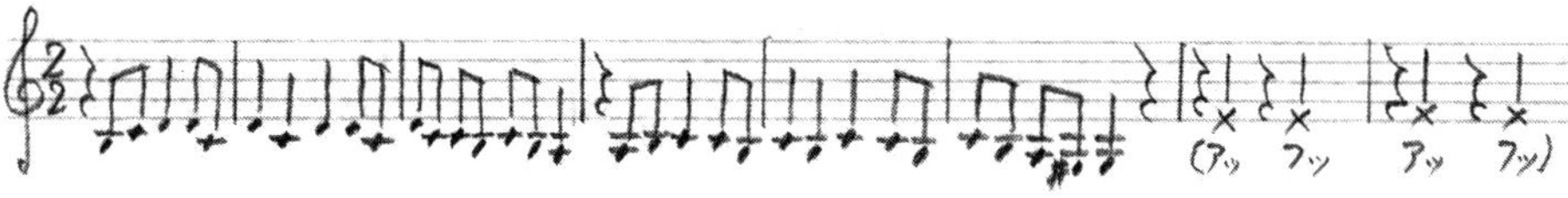

スタンのある民家で、赤ちゃんを抱いた母親は、突然現れた異国からの訪問者に怪訝な表情を浮かべ、会話は成立しません。その時、山本さんは日本語で「大きな栗の木の下で」を歌い始めました。おそらく身ぶり遊びもついていたでしょう。すると、母親は表情を崩し、笑い声を上げ、そのうちに赤ちゃんをあやしながら一緒に歌い出したといいます（山本美香・日本テレビ編『山本美香という生き方』新潮文庫、二一四頁）。この母親が普段わが子に歌っていたのは、どんな子守唄だったでしょうか。

第23回でご紹介した一九九三年五月の英国BBCラジオ3の番組「子守唄」の中で、シンプルですがアラブ特有のメロディを持つアフガニスタンの子守唄が紹介されています。歌詞はパシュトゥー語でしょうか。解説によると、生後十四日間が最も危険なのでアッラーの神にわが子の無事を祈る内容の歌詞だといいます。また「アッ」「フッ」は揺りかごを押す音だそうです。

中村さんや山本さんも、どこかでこの唄を聞いていたかもしれないと夢想するのです。

第27回　グアテマラ――環太平洋人の血が騒ぐ

前回に引き続き、一九九三年五月の英国BBCラジオ3「子守唄」を取り上げます。「子守唄と言えば、女性が歌うものというイメージが強いですが、男性が歌っている子守唄もあります」との解説に続いて紹介されたのが、男性の歌声によるグアテマラの子守唄でした。メロディは「ソーソーミーミーレードーレ」の基本形が多少の変化を伴って反復され、日本人にも全く違和感なく胸に沁みてきます。

歌詞はマヤ系言語でしょうか。解説によれば、「早く寝なさいよ。起きているとコヨーテがさらっていくよ」という脅し文句が歌われているといいますが、歌の前後に柔らかな音色の口笛が入っていることもあって、歌詞が理解できない子どもであれば、寝かせつけるのにぴったりの唄です。

グアテマラ共和国は、中央アメリカ北部に位置し、北はメキシコと国境を接してお

（グアテマラの子守唄）

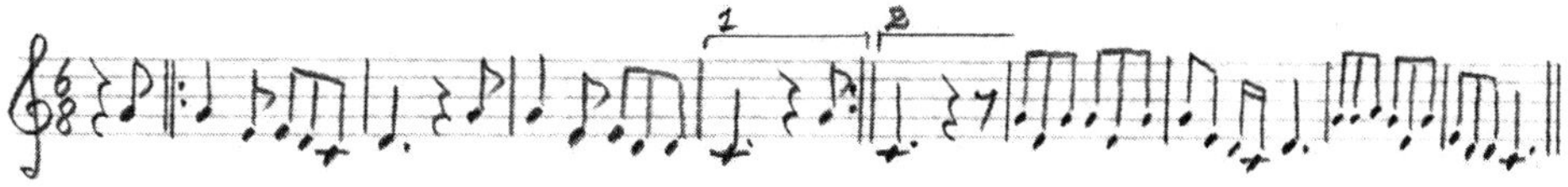

り、北東はカリブ海に、南は太平洋に面しています。首都はグアテマラシティで、コロンブスに「発見」されスペインの植民地となる前（「先コロンブス期」）にはマヤ文明が栄えました。現在、国民の総人口一、七二五万人（二〇一八年）のうち、過半数はマヤ系先住民または欧州系と先住民の混血です。公用語はスペイン語ですが、その他に二二のマヤ系言語が使われているといいます。また気候は基本的に亜熱帯気候で、コーヒーやバナナ、砂糖などの農産物が有名です。

　日本から遠く離れた、太平洋を隔てた地球の反対側で歌い継がれてきた子守唄がなぜこんなに心地いいのでしょうか？　その理由をホモ・サピエンスの移動に求めてみたいと思います。

　アフリカで約二十万年前までに誕生した我々の共通祖先であるホモ・サピエンスは、約十万年前にアフリカを旅立ちました。そのうち北ルートをとった集団は約五万年前にアルタイ山脈を経由して東アジア方面に進出します。日本列島には約四万年前に到達し、その後、約一万五千年前にベーリング海峡を渡って、約一万年前までにはアメリカ大陸の南端に到達したとされます。マヤ系を含むアメリ

グアテマラのマヤ系民族の母子たち

カ大陸の先住民たちと日本人を含むアジア系諸民族との間には遺伝子レベルでの高い類似性が見られ、「モンゴロイド」と呼ばれることもありましたが、近年では「環太平洋人」との名称の方がよく用いられています。

二十年ほど前、JCVと呼ばれるウィルスの保有状況とその型を日本各地および世界各地で調査した結果、MY型は東北と朝鮮半島、ペルー、グアテマラに多く、CY型は沖縄から中部地方南部までと中国北部などの東アジアに目立つことが分かったというニュースが報じられました（「朝日新聞」一九九八年六月五日）。

物語の世界では、日本ではウサギがワニ（＝サメ）を騙《だま》して海を渡ろうとして失敗する「因幡《いなば》の白兎」として知られる神話の類話が、環太平洋の諸地域で伝承されていることを、レヴィ＝ストロースが指摘しています（『月の裏側　日本文化への視角』中央公論新社、二〇一四年）。一方、伝承遊びの世界では、あやとりが環太平洋の諸地域で盛んに行われてきました。歌の世界でも同じことが起こって不思議ではありません。

今回紹介したグアテマラの子守唄を口ずさんで、「環太平洋人の血が騒ぐ」体験をぜひ試してみて下さい。

第28回　ナイジェリア――太鼓の音にこめられたメッセージ

過去二回にわたって紹介した、一九九三年五月放送の英国ＢＢＣラジオ３「子守唄」の番組の冒頭に流れたのは、激しいドラム（太鼓）の音と手拍子に乗せて歌われる、中央アフリカ共和国の子守唄でした。

日本のいわゆる「江戸の子守唄」に、「でんでん太鼓に笙《しょう》の笛」という一節がありますが、ここで打ち鳴らされるドラムの音量は、郷土玩具のでんでん太鼓のような生易しいものではありません。「これで本当に子どもは眠れるのだろうか？」と首をかしげたくなるほどの圧倒的な迫力です。それによって、子守唄に対する「常識」を吹き飛ばそうとする番組制作者の「トラップ（罠）」にまんまと引っかかった私は、以来三十年、「子守唄ってなんだ？」と自分に問いかける旅を今も続けています。

西アフリカに位置するナイジェリア連邦共和国にも、ドラム伴奏付きの子守唄が伝

「イェケ　オモ　ミ（私の小さな宝物）」

承されています。カナダのキャシュ＝ベッグズ夫妻編『民衆の子守唄（Folk Lullabies）』（一九六九）収載の「イェケ　オモ　ミ」の楽譜にはドラムの譜面が併記されており、ヴォーカルとの掛け合いは、両者があたかも対話しているかのようです。

ああ　泣かないで　私の小さな宝物
ああ　泣かないで　私の小さな宝物
あなたのママは　ここにいるから
ああ　泣かないで　私の愛する宝物……

川田順造『聲』（筑摩書房、一九八八年）によれば、サハラ以南のいわゆる黒人アフリカには「トーキング・ドラム（話す太鼓）」と呼ばれる、太鼓の音で言語メッセージを伝える文化が伝承されています。例えば、西アフリカの旧モシ王国では王宮付きの楽師が、九百句余りもの長さの王家の系譜を、太鼓の音だけで「語る」のだといいます。具体的には、音声言語が持っている音の高低・強弱・長短などの韻律的特徴を太鼓の音でなぞるのですが、黒人アフリカ社会のように、文字というものを用いず、サバンナや森林の物音を聞き分けることに敏感にならざるを得ない環境の下に「トーキング・ドラム」は発達したとされ、①遠隔伝達性（太鼓の音は人の声より遠くまで届く）、②秘儀性あるいはメッセージ受信者の限定性（特定の

ナイジェリアの打楽器演奏

人同士にしか分からない）、③情動喚起性（荘重さや有難さを喚起する）といった効果があるそうです。

そこから、この社会の人びとは、感覚神経が研ぎ澄まされている乳幼児期に人間の声と合わせて太鼓の音を繰り返し聞かせることで、太鼓の音に言語メッセージを聞き取る感性を磨こうとした、それがこうした子守唄の伝承背景にはあるものと推測されます。本書の中でこれまでにも触れてきたように、眠りへと誘うことだけが子守唄を歌う目的ではないのです。

ところで日本には、ホトトギスやカラスなどの鳴き声に言語メッセージを聞き取る「聞きなし」の昔話があります。また、アイヌ民族の「ホロルセ」や八丈島の子守唄「テテンクンクン」など鳥の鳴き声を模倣した「あやし言葉」を持つ子守唄をはじめ、鳥や虫や動物の鳴き声、風のそよぎや川のせせらぎなど身の回りの音環境に幼い時から慣れ親しむための仕掛けを持つ文化が数多く伝承されています。環境教育やＳＤＧｓの観点から子守唄の意義をとらえ直すこと、それは今後の重要な研究テーマになるに違いありません。

第29回　沖縄――苦難の歴史のなかで

二〇二一年六月に出版された川満彰さんの『沖縄戦の子どもたち』（吉川弘文館）に、「艦砲ぬ喰《く》ぇー残《ぬ》くさー」（作詞・作曲　比嘉恒敏）という歌が紹介されています。

うんじゅん　我《わ》んにん　汝《いや》ん　我んにん　（あなたもわたしも　おまえもおれも）
艦砲ぬ喰《く》ぇー残《ぬ》くさー　（艦砲の食い残し）
誰《たぁ》があの様　強《し》いいんじゃちゃら　（誰が、あの様なことを強いたのか）
恨でん悔でん　飽《あ》きじゃらん　（恨んでも悔やんでも　飽き足らない）
子孫末代《しすんまちでぇ》　遺言《いぐん》さな　（子孫代々語り伝えよう）

川満さんは次のように記します。「この民謡は、多くの戦争体験者が共感する。そ

「平和の礎」（沖縄・摩文仁の丘）

れは傍らで無惨にも死んでいく家族や友人を目の当たりにし、自分だけ『生き残ってしまった』という罪悪感と悔しみがあるからだという」（一二二頁）。また、この歌をつくった比嘉恒敏は読谷《よみたん》村出身で、沖縄戦で家族五人を失った体験を元に作ったこの歌を一九七六年に発表しましたが、二年後の一九七八年、飲酒運転のアメリカ兵の車に轢かれて死亡しました。彼の四人の娘が結成したグループ「でいご娘」が、父の遺したこの歌を今も歌い継いでいるそうです（二〇一三年六月二十三日、NHK沖縄放送局放映より）。

作詞・作曲者が特定されるこの歌は、学術的には、作者不詳の伝承歌を意味する「民謡」とは厳密には言えません。けれども、「子孫末代」歌い継がれていくならば、沖縄の「人びとのうた＝民《たみ》うた」となる日が来るでしょう。沖縄には他にも、「さとうきび畑」「黒い雨」「嘉義丸のうた」「月桃」「ｈｉｍｅｙｕｒｉ　～ひめゆりの詩～」など、沖縄戦の子どもたちの姿を刻んだ歌がいくつもあります。これらの歌もいつか「民うた」となって、子守唄として歌われてほしいと願うものです。

ところで、沖縄・八重山地方に「月出ぬ花むぬ」という伝承子守唄があります。

月出《で》ィぬ花むぬ　我《ば》がけーらぬ遊《あさ》びょーら

「月出ぬ花むぬ」

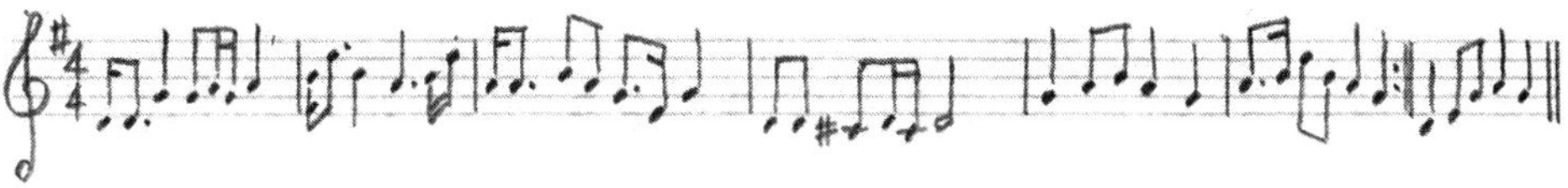

（月の出が花のよう　私たちも遊びましょう）
ホーイチョーガ　ホーイチョーガ
昔世《んかしゅー》ぬだけんや　遊《あす》びでんあだそーぬ
（昔の世の中では　遊びがあったそうだ）
ホーイチョーガ　ホーイチョーガ
大和世《やまとぅゆー》にかきらり　板札《いたふだ》にまわさーり
（大和の世になって　板札がまわされて）
ホーイチョーガ　ホーイチョーガ
遊びでんどぅぐねーぬ　甘いでんどぅぐねーぬ
（遊ぶこともなくなった　甘えることもなくなった）
ホーイチョーガ　ホーイチョーガ

歌詞の中の「遊び」とは「野遊《もうあし》び」のことで、青年男女が野原で三線《さんしん》を伴奏に歌をうたったり踊ったりした習俗のことを指します。また「大和世」とは、一六〇九年の薩摩藩による琉球王国への侵攻と、それに続く一六三七年の人頭税徴収令以降を指し、野遊びを禁止する板札が回され、楽しい集いの時が持てなくなったことを嘆く唄とされています（杉本信夫他『鹿児島・沖縄のわらべ歌』柳原書店、三八八頁）。

八重山地方における苛烈を極めた人頭税は、一九〇三年に廃止されるまで二六六年間続きました。また一八七九年の琉球処分以降は、日本への同化教育・皇民化教育が強力に推進されていきました。その後、アジア・太平洋戦争、敗戦後のアメリカ軍による占領、基地問題や深刻な経済不況を抱える今日へと続く、沖縄の人びとの苦難と大和人《やまとぅんちゅ》に対する複雑な想いの原点が、一六〇九年の薩摩藩侵攻にあるのです。

子守唄「月出ぬ花むぬ」を歌い継ぐことは、四百年以上にわたる沖縄の苦難の歴史の原点を後世に伝えることだと言えるでしょう。

第30回　旅のおわりに――人はなぜ子守唄を歌うのか

二〇一一年五月から連載してきた「世界子守唄紀行」ですが、第30回となる今回をもってひとまずの締めくくりとします。第1回において、人々が歌い継いできた実際の子守唄の姿、すなわち「子守唄の原像」を求めての旅路をたどりながら「人はなぜ子守唄を歌い継いできたのか？」「はるか遠く離れた英国スコットランドと京都市竹田によく似た子守唄があるのはなぜなのか？」という二つの問いに思いをめぐらせてみたいと記しました。これら二つの問いについて、現時点で言える限りのことをまとめておくことにします。

順序が逆になりますが、まず二番目の問いの方から答えていきます。第1回に紹介したスコットランドの子守唄「カドー・ハチャー・ミー（私は眠れない）」と「竹田の子守唄」が似ている理由はまず、音階の類似性があるからです。両方の子守唄にはファとシを除いた五音「ドーレーミーソーラ」で構成される「ヨナ抜きペンタトニック」と呼ばれる音階が用いられているのですが、これはスコットランド民謡の特徴であると同時に、日本の伝統的な音階の中にも律音階または呂音階と呼ばれる類似したものがあるのです。この音階は、英国全土やアイルランドの人々、チェコをはじめとするスラブ諸民族、アメリカ先住民をはじめとする環太平洋の人々、漢民族をはじめとする中国の諸民族など、世界各地の諸民族の伝統音楽に共通して見られ、人類史における「古層」の音階の一つと考えられています。

もう一つの理由は、「竹田の子守唄」の旋律が改変されたことにあります。今日流布している「竹田の子守唄」の旋律は伝承のものではなく、一九六〇年代に尾上和彦によって改変された版(バージョン)と言われています。改変にあたって尾上はアイルランド民謡「ロンドンデリーの歌」をイメージしたと証言しており、いわばアイルランドやスコットランド風味の「味つけ」がこの子守唄には施されているのです(第15回を参照して下さい)。

尾上がこうした「味つけ」をした背景には、多くの日本人が、明治以来の学校教育の中で「蛍の光」や「故郷の空」(「夕空はれて秋風ふき〜」)をはじめスコットランドやアイルランドの民謡・歌曲の旋律を用いた唱歌を繰り返し口ずさんだことにより、スコットランド風味の「ヨナ抜きペンタトニック」に格別のノスタルジー（郷愁）を覚えるようになったということもあるのかもしれません。

ただし、そこに詠い込まれた歌詞の内容が、曲調に一定の影響を与えていることは間違いなく、歌詞についても確かめておく必要があるでしょう。二つの子守唄の歌詞には、理不尽な現実に対する悲嘆やあきらめという共通するテーマがあります。「カドー・ハチャー・ミー（私は眠れない）」の主人公（一人称）は夫を海難事故で喪った悲しみで夜も眠れません（「今夜、私は眠れない。大切なあの人が帰ってこないから〜」）。一方、「竹田の子守唄」の主人公は子守奉公に出されてやせ細り、親ともなかなか会えません（「この子よう泣く　守りをばいじる　守りも一日　やせるやら〜」）。こうした理不尽で過酷な現実を必死に堪え忍び、なんとか正気を保とうとして自らの想いを言葉に紡いだ、そんな歌詞です。そして、具体的にまったく同じ状況とは言えなくても、やはり何らかの理不尽な現実に身を置いて子育てをする中で、これらの唄を耳にした人たちは、主人公の心情を我がものと受け止めて、歌い継いでいった。これが、二つの子守唄に共通する曲調としての「哀感」をもたらしているのではないでしょうか。

以上のことは、一つ目の問いの「人はなぜ子守唄を歌うのか」に対する答えにも関わってくるように思います。すなわち、理不尽な現実を堪え忍び、その過酷さに心をへし折られてしまわないよう自分自身に向けて歌ったと思われる子守唄が、世界各地にいくつも残っています。戦争、自然災害、飢饉、疾病、事故、貧困、差別、家族や社会からのハラスメント……、幼な子とその子を守り育てる「私」の周りにはさまざまな、自分の力や意志ではどうにもならない理不尽な出来事が次々と襲ってきます。その圧倒的な力に呑み込まれてしまうことなく、それでも上を向いて生きていこうと自分に言い聞かせるため、人は子守唄を歌い継いできたのではないでしょうか。

それからまた、自分のためだけでなく、こうした理不尽な出来事を次の世代や後の時代の人たちに伝え残していかねばという思いも、子守唄を歌い継ぐ大きな動機となっていたに違いありません。二〇一一年三月一一日の東日本大震災、引き続き全国各地で発生してきた震災や豪雨災害、そして直近の新型コロナウィルス感染症もまた、理不尽な現実に他ならないことを顧みる時、今日もなお、そうした子守唄を歌い継ぐことの意義はいささかも失われていないように思われます。

一方、今日における社会問題と関わらせて言えば、子どもへの虐待を思わせる残酷な内容を含む歌詞の子守唄が世界各地にあります。「泣けば空からおっかない鳥が降りてきて突っつくよ」（第13回　アイヌ）、「ココ（化け物）がやって来てたべちゃうぞ」（第16回　スペイン）、「起きているとコヨーテがさらっていくよ」（第27回　グアテマラ）……。このような子守唄は、なかなか寝ようとせずむずかる子どもに対する苛立ちが、社会や民族を越え、時代を超えて、子どもを守り育てる者が共通して持つ、素直な感情であることを意味しているでしょう。そしてこの感情をコントロールするための方法が、残酷な子守唄を歌ってストレスを発散させ、カタルシス効果を得ることだったと考えられます。つまり残酷な子守唄を歌うことで自分の内に沸き起こる暴力的な負の感情を制御することができていたのです。

ですから、「歌詞の意味を知ったら子どもがトラウマになるかもしれないから、そんな残酷な子守唄は聞かせるべきではない」と一概に否定するのではなく、子守りに奮闘するお母さんやお父さんに、こうした子守唄もあることをそっと教えてあげたい気がします。

最後にもう一つ、幼な子に対する愛おしさと、その子の未来に対する祈りが、子守唄を歌うことの原点であることはやはり間違いないでしょう。「眠れ眠れ　愛しい坊や」(第5回　ユダヤ)、「うちの赤ちゃん　よく寝る　よく寝て　よく遊ぶ」(第9回　韓国)、「風が吹いたらヌーラちゃんに　アンズの実を摘んであげよう」(第20回　シリア)、「この世で一番愛しいわが子」(第24回　スロヴァキア)、「ああ泣かないで　私の愛する宝物」(第28回　ナイジェリア)……。

たとえ現実がどんなに困難な状況にあり、周りの世界には絶望や不安があふれていても、目の前にいる幼な子を愛《いと》しいと思い、この子を守り育てようと誓うこと、そしてその子の未来が、今よりももっと明るく希望にみちた世界であるよう祈ること——、それが人類共通の、子守唄を歌うことの意味であると信じます。

なぜなら「こどもは未来である」（小林登『こどもは未来である』岩波書店、一九九三年）のですから。

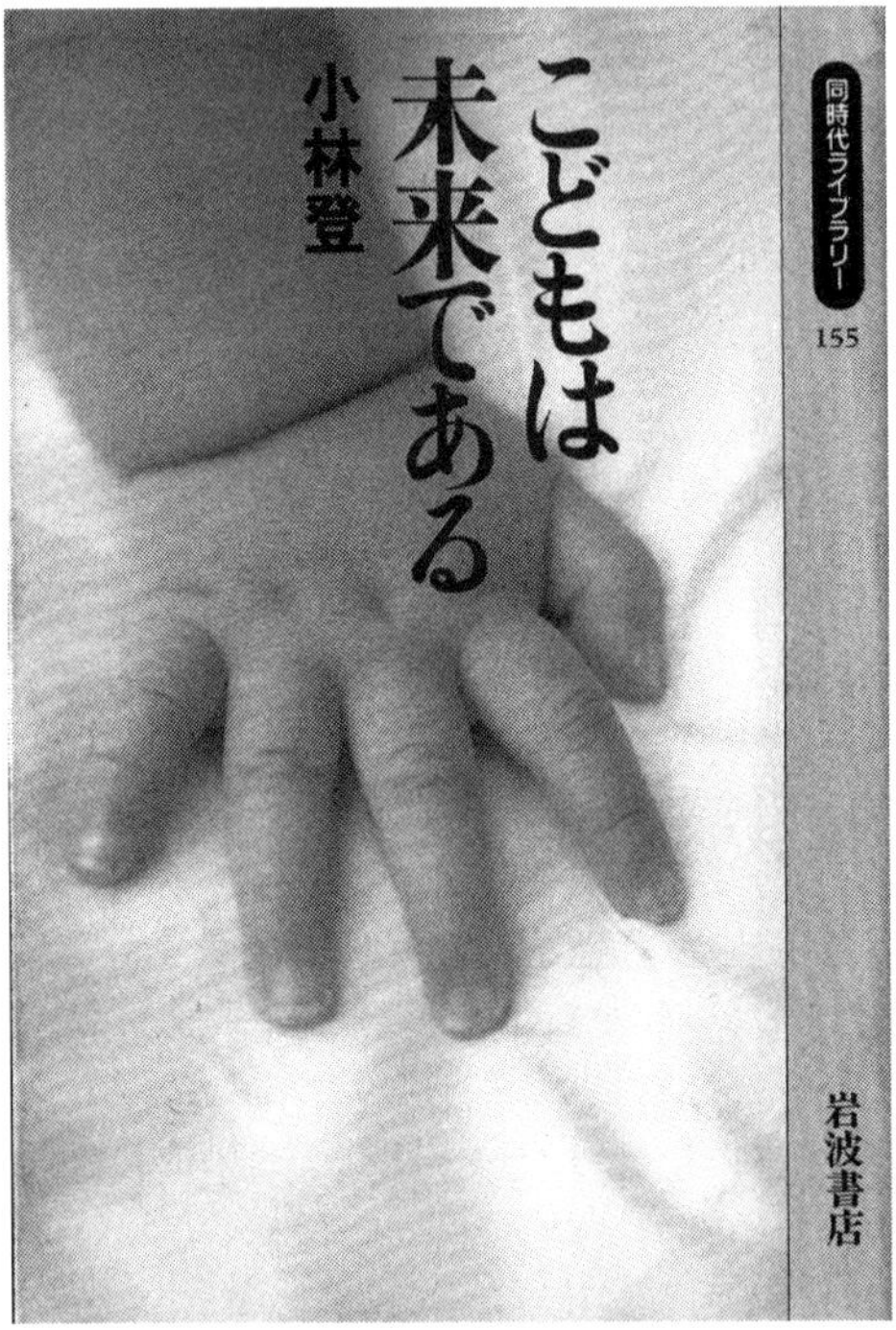

エピローグ

本書は、二〇一一年夏に発行の日本子守唄協会季刊誌『ららばい』第三号に寄稿して以来、後継誌『ららばい通信』二〇二一年秋号まで、丸十一年にわたり、全三十回におよび連載したエッセイ「世界子守唄紀行」をもとに、加筆修正して編集したものです。また、プロローグとエピローグと四つのコラムを、今回新たに書き下ろしました。

「うたは世につれ　世はうたにつれ」と言います。ここに書きとめた世界の子守唄の中に、過去や現在の世相を刻み込んでいるものや、未来を予見しているものがいくつも確認され、編集作業の中で改めてこのことに驚きました。それと同時に、子どもの幸せや平安を祈るうたの多さに、「世はうたにつれ」となることを実現してほしいと願う気持ちも覚えました。「人はなぜうたを歌うのか？」その答えがここにあるような気がします。

昨年（二〇二二年）九月、日本子守唄協会の西舘好子理事長と一緒に「子守唄・わらべうた学会」を発足させました。設立趣意書の一部をご紹介します（表記を一部変更）。


地震・津波・豪雨・猛暑などの自然災害、新型コロナウィルスの世界的大流行、そしてロシアによるウクライナ侵攻と、予測しがたい理不尽な出来事が次々と立ち現れ、私たちはこれからも生き延びていけるのだろうかという不安にさえ駆り立てられる毎日です。そうした日々の中、家庭において、学校において、職場や地域社会において、さらにはインターネット空間において、相手の心や身体を傷めつける不幸な事件が相次いで報じられています。

このような社会において、今一番求められているのは、理不尽な出来事に打ち負かされない、人と人との豊かな関係、心のつながりを築いていくことであり、とりわけ、幼い子どもに「母なる愛」のぬくもりを感じさせてあげることではないでしょうか？

子どものために歌い継がれてきた子守唄は、親子をはじめとする人間同士の豊かな関係の根源にある「いのちの讃歌」と言えるものです。また、子どもたち自身によって歌い継がれてきたわらべうたにも、時代を超え、国境を越えて、人び

との心をつなぎ合わせる力があります。（中略）

このような、子守唄やわらべうたの大切さを改めて問い直し、世の中に広くアピールすることが今日ほど強く求められている時代はないと思われます。残念ながら、日本において、また世界全体を見渡しても、子守唄やわらべうたを専門的に研究している人の数は決して多くはありません。けれども、幸いにして日本には江戸期以来の、野間義学、釈行智、ラフカディオ・ハーン（小泉八雲）、北原白秋、浅野建二、林友男を始めとする幾多の先人たちによって収集され記録されてきた、世界にも類を見ない数の資料があります。（中略）

これらの資料や先行研究を活用しつつも、これまでの研究の主流を占めてきた伝承童謡（子守唄・わらべうた）の歴史的・民俗的考証だけでなく、音楽学、音声言語学、心理学、社会学、人類学、生態学、環境学、動物行動学、大脳生理学、医学・看護学、保育学、介護福祉学等々、多種多様なアプローチによる学際的で総合的な「子守唄・わらべうた学」を創出し展開していくことが今、求められています。そしてまた、海外の研究者との交流等を通じて、世界各地の子守唄やわらべうたを比較分析し、「人間にとって、子どもにとって、子守唄とは、わらべうたとは何か」を問い直す、普遍的で国際的な深さと広がりをもった研究も期待されます。

その一方で、現在、日本子守唄協会の事務局に保管されている膨大な資料が十分に整理されないままの状態であることも指摘しておかねばなりません。また、全国各地の、物故者を含む郷土史家や民謡収集者の自宅書庫等に眠っている文献資料や音声資料は膨大な数に上るものと思われ、これらの散逸を防ぐべく、全国に幅広く呼び掛けて資料を送っていただき、一ヵ所に集めた上で、こうした資料を体系的に整理・分類してデータベースを作成するとともに、そのデジタル・アーカイヴ化を進め、これを公開していくことが喫緊の課題となっています。

以上のような、学際的・総合的な子守唄・わらべうた学の創出・展開、アーカイヴの作成・公開に、子守唄・わらべうたの普及とこれを介した実践交流を加えた三本が、本学会の事業の柱となります。（中略）このような趣旨の下に設立される本学会に対して、多くの皆様のご賛同が得られ、ご支援・ご協力いただけることを心より祈念いたします。何卒よろしくお願い申し上げます。

本書はこの「子守唄・わらべうた学会」の、少々分厚すぎる「名刺」代わりになればと企画しました。この学会の趣旨に賛同して下さった藤原書店社長・藤原良雄氏のご好意によって刊行が実現しました。「すべての常識を疑い、社会や歴史の見方を根底から問い直す」をモットーに掲げる藤原書店の出版物として、手に取られた方の期待を裏切ることのないよう期しております。編集をご担当いただいた山﨑優子氏にも紙面をお借りして御礼を申し上げます。

＊　＊

昨今の厳しい出版状況の下、著者の私自身も出版経費の一部負担をせざるを得ませんでしたが、拙著をいつも丁寧に読んで下さっている叔母の伊藤輝子さんから、資金援助をいただきました。岡山の実家の畑の管理をして下さっている叔父の節夫さんと、この輝子さんの、伊藤ご夫妻のおかげでいつも心地よく帰省することができています。新型コロナウィルス感染予防対策によってこの三年間、気軽に帰ることができませんでしたが、ようやく緩和されてきたので、今年の夏の花火大会は、ご夫妻とご一緒に観覧できるのでは、と心躍らせています。そしてまた、本書へのご感想を輝子さんから聞かせていただける日を楽しみにしております。本当にありがとうございました。

二〇二三年　風薫る五月

鵜野祐介

Shetland Folk Society. 1959 *Shetland Folk Book* vol.4. Lerwick: The Shetland Times Ltd.
Tolmie, Francis. 1911 *Journal of the Folk-Song Society*. No.16.
Uno, Yusuke. 1995 "Context of Shetland Lullabies: sung and told by Stella Sutherland"「鳥取女子短期大学研究紀要」第 31 号所収。
——. 2004 "A Comparative Study between Scottish and Japanese Lullabies.", [PhD thesis] The University of Edinburgh, UK.

＜音声資料＞

1969『日本・世界子守歌全集』（レコード）講談社
1976『にっぽんの子守唄』（レコード）ビクター音楽産業株式会社
1995 *The Kalevala Heritage*.（CD）, ONDINE（ODE849-2）
2000『アイヌのうた』（CD）ビクターエンタテインメント株式会社
2003『五木の子守唄の謎』（CD）キングレコード（KICG3078）
2004 日本子守唄協会『子守唄　ふるさとへの旅』（CD）キングレコード（KICW101）
2006 日本子守唄協会『日本の子守唄 100 選』（CD 4 枚組）日本子守唄協会（JLA100001-4）

語から見るヒトの進化』早川書房。
右田伊佐雄 1991『子守と子守歌』東方出版。
宮内仁 1999『日本の子守唄』近代文芸社。
柳田国男・丸山久子 1987『分類児童語彙』国書刊行会。
山崎浩隆、中川（森）みゆき、野口梨菜 2010「明治期の唱歌における子守唄」、『熊本大学教育学部紀要人文科学』第 59 号。
米田寿美 1995『大分県民謡　宇目の唄げんか―子守娘の労働歌』私家版。
――1998『山里の詩』私家版。
渡辺富美雄・松沢秀介『子守り歌の基礎的研究』明治書院。

Campbell, John Lorne. 1990 *Songs Remembered in Exile*. Aberdeen: AberdeenUniversity Press.
Cass-Beggs, Barbara and Michael. 1969 *Folk Lullabies*. New York: Oak Publications.
Carmichael, Alexander. 1900 (new ed. 1992) *Carmina Gadelica*. vol.1. new edition, Edinburgh: Floris Books.
Daiken, Leslie. 1959 *The Lullaby Book*. London: Edmund Ward Publisher Ltd.
Henderson, Lizanne. & Cowan, Edward J. 2001 *Scottish Fairy Belief*. East Linton: Tuckwell Press.
Kennedy-Fraser, Marjory. and MacLeod, Kenneth. 1909 *Songs of the Hebrides*. vol.1. London: Boosey & Co.
McVicar, Ewan. 2007 *Doh Ray Me, When AhWis Wee: Scots Children's Songs and Rhymes*. Edinburgh: Birlinn Limited.
Montgomerie, Norah and William. 1985 *Scottish Nursery Rhymes*. Edinburgh: W&R Chambers Ltd.
Opie, Iona & Peter. 1951 & 1997 *The Oxford Dictionary of Nursery Rhymes*. Oxford University Press.
Opie, Iona & Peter. 1955 *The Oxford Nursery Rhyme Book*. Oxford University Press.
Ritchie, James T. R. 1964 *The Smging Street*. Edinburgh & London: Oliver & Boyd.
Shaw, Margaret Fay. 1955 *Folksongs and Folklore of South Uist*. London: Routledge and Kegan Paul Ltd.

体育学（音楽編）』第35号。

ただえみこ2000『唄で命をつむいで　部落のおばあちゃん、母、そして私』青木書店。

玉野井麻利子1995「抵抗としての子守唄　近代日本における国家建設と子守のサブカルチャーについて」、脇田晴子他編『ジェンダーの日本史　下』東京大学出版会。

西舘好子2003『うたってよ子守唄』アートヴィレッジ。

——2004『「子守唄」の謎——懐かしい調べに秘められた意味』祥伝社。

——2008『赤ちゃんのこころが育つ子守唄』エクスナレッジ。

——2018『日本の子守唄　命と愛のメッセージ』游学社。

日本放送協会1965『アイヌ伝統音楽』日本放送出版協会。

日本放送協会1952-1980『日本民謡大観　北海道篇〜九州南部篇』日本放送出版協会。

畑中圭一1996「子守唄の詩学——眠らせ唄を中心に——」、日本児童文学学会中部例会。「児童文学論叢」第2号所収。

林友男1991『岐阜県のわらべうた　いまむかし』私家版。

広島高等師範学校附属小学校音楽研究部1934『日本童謡民謡曲集』目黒書店。

——1935『続日本童謡民謡曲集』目黒書店。

藤田正2000『沖縄は歌の島　ウチナー音楽の500年』晶文社。

——2003『竹田の子守唄　名曲に隠された真実』解放出版社。

藤原潤子1998「ロシアの子守歌（1）眠りの精たち」、「カスチョール」第16号。

藤原書店編集部2005『別冊環⑩　子守唄よ、甦れ』藤原書店。

古川明子2004「子脅しの研究」、梅花女子大学大学院文学研究科児童文学専攻修士論文。

ペク・チャンウ2002/2003『韓国子守唄　チャジャン歌』大竹聖美訳、古今社。

牧野和夫1999『伝承文学資料集成1　聖徳太子伝記』三弥井書店。

町田嘉章・浅野建二1962『わらべうた』岩波文庫。

松永伍一1961『日本の子守唄』紀伊国屋書店。

——1976『子守唄の人生』中央公論社。

ミズン、スティーヴン2006（熊谷淳子訳）『歌うネアンデルタール：音楽と言

——1991『近世童謡童遊集』柳原書店。
——2009『日本子守唄選集』上・中・下巻　オンキョウ・パブリッシュ。
——2022『日本子守唄集成』柳原出版。
笠木透 1999『鳥よ鳥よ青い鳥よ』たかの書房。
金井喜久子 1954『琉球の民謡』音楽之友社。
上笙一郎 2005『日本童謡辞典』東京堂。
川原井泰江 2003『守り子と女たちのこもりうた』ショパン。
北原白秋 1947『日本伝承童謡集成　第一巻　子守唄篇』国民図書刊行会。
金素雲 1933『朝鮮童謡集』岩波文庫。
木村重利 1985『わらべ唄の成長　越後のわらべ唄一題』桜楓社。
ギル、ロビン 1991『中国のマザーグース』北沢書店。
金田一春彦 1995『童謡・唱歌の世界』教育出版。
久保けんお 1960『南日本民謡曲集』音楽之友社。
——1964『南日本わらべうた風土記』音楽之友社。
窪島誠一郎 2010『わが心の母のうた』信濃毎日新聞社。
小泉文夫 1986『フィールドワーク』冬樹社。
——1994『音楽の根源にあるもの』平凡社。
小泉八雲 1901/1964（平井呈一訳）「日本の子どもの唄」『（全訳）小泉八雲作品集』第 9 巻、恒文社。
小島美子 1997『音楽からみた日本人』NHK 出版。
小林登 1993『こどもは未来である』岩波書店。
酒井正子 2005『奄美・沖縄　哭きうたの民族誌』小学館。
酒井正保 1971『群馬のわらべうた』音楽之友社。
櫻井美紀 1998『昔話と語りの現在』久山社。
佐藤泰平 1992『宮沢賢治の音楽』筑摩書房。
島袋全発 1934『沖縄童謡集』一誠社。
ジョルダーニア、ジョーゼフ 2017（森田稔訳）『人間はなぜ歌うのか？　人類の進化における「うた」の起源』アルク出版。
杉本信夫 1974『沖縄の民謡』新日本出版社。
高松晃子 2002「子守歌の現在」、『福井大学教育地域科学部紀要　第Ⅵ部　芸術・

子守唄をさらに学ぶための参考文献

＊翻訳書は、［原書出版年／邦訳版出版年］として記載する。

赤坂憲雄 1994『子守り唄の誕生　五木の子守り唄をめぐる精神史』講談社。
赤松啓介 1993『女の歴史と民俗』明石書店。
吾郷寅之進・真鍋昌弘 1976『わらべうた』桜楓社。
浅野建二他監修 1979-1992『日本わらべ歌全集』全 27 巻 39 冊、柳原書店。
――1988『新講　わらべ唄風土記』柳原書店。
阿部ヤエ 2003『「わらべうた」で子育て　応用編』福音館書店。
伊丹政太郎 1992『遠野のわらべ唄』岩波書店。
井上陽一 2022『歌うサル　テナガザルにヒトのルーツをみる』共立出版。
岩田遵子 2001「子守唄とは何か　テキスト解釈のあり方を通して」、日本子ども社会学会『子ども社会研究』第 7 号。
上村てる緒 1973『挽歌　五木の子守唄』日本エコノミストセンター。
牛山昊 1972「子守唄」、大塚民俗学会編『日本民俗事典』弘文堂。
臼田甚五郎『子守歌のふる里を訪ねて』桜楓社。
鵜野祐介 1996「『中国地方の子守唄』の社会的背景に関する研究（1）」、「鳥取女子短期大学研究紀要」第 33 号所収。
――2009『子守唄の原像』久山社。
――2009『伝承児童文学と子どものコスモロジー　＜あわい＞との出会いと別れ』昭和堂。
大藤ゆき 1961『児やらい』岩崎美術社。
岡田希雄 1927「鎌倉時代末期の子守歌」、「歴史と地理」19-1。
岡ノ谷一夫 2010『さえずり言語起源論：新版小鳥の歌からヒトの言葉へ』岩波書店
小田和弘 1998「狐と夜泣きの唱言」、真鍋昌弘編『歌謡　雅と俗の世界』和泉書院。
小野恭靖 2007『子ども歌を学ぶ人のために』世界思想社。
尾原昭夫 1980『日本のこもりうた五〇曲集』音楽之友社。

〈写真出典〉

112 頁　Puripat_L / PIXTA

116 頁　Children outside Tuo school, Fenualoa, Reef Islands, Solomon Islands, 2008. photo by Pohopetch.

136 頁　ウェブサイト「lastelasbonitas」 https://telasbonitas.thebase.in/blog/2020/02/27/222407

140 頁　Ijomu Oro, Kwara State, Nigeria, in 2004. photo by Melvin "Buddy" Baker.

著者紹介

鵜野祐介（うの・ゆうすけ）

1961年岡山県生まれ。京都大学大学院教育学研究科博士後期課程修了。2004年英国エディンバラ大学にて博士号（Ph.D、人文学）取得。専門は伝承児童文学の教育人類学的研究。日本、韓国、中国、英国スコットランドを主なフィールドとして、子ども期の伝承文化（遊び・子守唄・わらべうた・民間説話など）や児童文学・児童文化が人間形成に及ぼす影響について研究。

鳥取女子短期大学、梅花女子大学を経て、現在、立命館大学文学部教授。アジア民間説話学会日本支部代表、子守唄・わらべうた学会代表、「うたとかたりのネットワーク（うたかたネット）」を主宰し、うたやかたりの実践・普及活動のネットワーク作りを進める。

主な著書に『飛騨の民話・唄・遊び　岐阜県朝日村・高根村の伝承』（大橋和華・石川稔子との共編著、手帖舎1999年）、『生き生きごんぼ　わらべうたの教育人類学』（久山社2000年）、『東美濃の民話・唄・遊びと年中行事　岐阜県恵那郡上矢作町の伝承』（大橋和華・石川稔子との共編著、手帖舎2004年）、『伝承児童文学と子どものコスモロジー　〈あわい〉との出会いと別れ』（昭和堂2009年）、『子守唄の原像』（久山社2009年）、『昔話の人間学　いのちとたましいの伝え方』（ナカニシヤ出版2015年）、『ポスト三・一一の子どもと文化　いのち・伝承・レジリエンス』（加藤理との共編著、港の人2015年）、『日中韓の昔話　共通話型30選』（みやび出版2016年）、『子どもの替え唄と戦争　笠木透のラスト・メッセージ』（子どもの文化研究所2020年）、『センス・オブ・ワンダーといのちのレッスン』（港の人2020年）他、訳書にノラ＆ウィリアム・モンゴメリー編『スコットランド民話集　世界の果ての井戸』（朝日出版社2013年）。

世界《せかい》子守唄《こもりうた》紀行《きこう》——子守唄《こもりうた》の原像《げんぞう》をたずねて

2023年 8月30日　初版第 1 刷発行©

著　者　鵜 野 祐 介
発行者　藤 原 良 雄
発行所　株式会社　藤 原 書 店
〒162-0041　東京都新宿区早稲田鶴巻町 523
電　話　03（5272）0301
ＦＡＸ　03（5272）0450
振　替　00160 - 4 - 17013
info@fujiwara-shoten.co.jp
印刷・製本　中央精版印刷

落丁本・乱丁本はお取替えいたします
定価はカバーに表示してあります

Printed in Japan
ISBN978-4-86578-394-0

鉛筆画の世界を切り拓いた画家、初の自伝

いのちを刻む

（鉛筆画の鬼才、木下晋自伝）

木下　晋　城島徹編著

人間存在の意味とは何か、私はなぜ生きるか。芸術とは何か。ハンセン病元患者、瞽女、パーキンソン病を患う我が妻……極限を超えた存在は、最も美しく、最も魂を打つ。彼らを描くモノクロームの鉛筆画の徹底したリアリズムから溢れ出す、人間への愛。極貧と放浪の少年時代から現在までを語り尽くす。

口絵一六頁
Ａ５上製　三〇四頁　**二七〇〇円**
（二〇一九年一一月刊）
◇978-4-86578-253-0

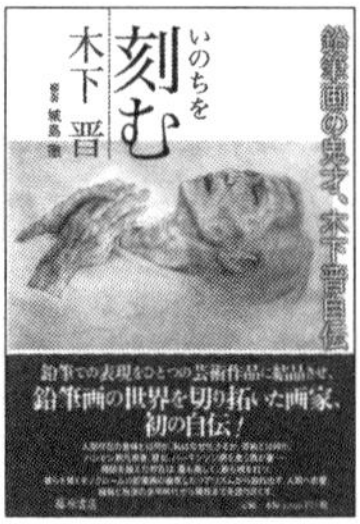

アイヌの精神を追い求めた女の一生

大地よ！

（アイヌの母神、宇梶静江自伝）

宇梶静江

六十三歳にして、アイヌの伝統的刺繍法から、〝古布絵《こふえ》〟による表現手法を見出し、遅咲きながら大輪の花を咲かせた著者が、苦節多き生涯を振り返り、追い求め続けてきた〝大地に生きる人間《アイヌ》の精神性〟を問うた、本格的自伝。

「宇梶静江の古布絵の世界」　カラー口絵八頁
四六上製　四四八頁　**二七〇〇円**
（二〇二〇年三月刊）
◇978-4-86578-261-5

アイヌ神謡の名作絵本、待望の復刊！

シマフクロウとサケ

（アイヌのカムイユカㇻ（神謡）より）

宇梶静江　古布絵制作・再話

守り神のシマフクロウは、炎のように輝く大きな金色の目で、思いあがる者を見つめ、海を干上がらせ、もといた山へ帰ってゆく――一針一針に思いをこめた古布絵（こふえ）とユカㇻが織りなすアイヌの精神世界。

オールカラー
＊映像作品（ＤＶＤ）につきましては、三二頁をご覧ください。
Ａ４変上製　三二頁　**一八〇〇円**
（二〇二〇年一一月刊）
◇978-4-86578-292-9

かつて〝アイヌの新聞〟を自ら作ったアイヌ青年がいた

「アイヌ新聞」記者 高橋真

（反骨孤高の新聞人）

合田一道

警察官を志しながら、アイヌゆえにその道を閉ざされて新聞記者に転じ、戦後一九四六年、ついに自ら『アイヌ新聞』を創刊。アイヌ問題研究所を主宰し、わが民族の歴史と課題を痛切に訴える数々の評論を発表し続けた反骨のジャーナリスト、初の評伝！

四六上製　三〇四頁　**二七〇〇円**
（二〇二一年三月刊）
◇978-4-86578-306-3

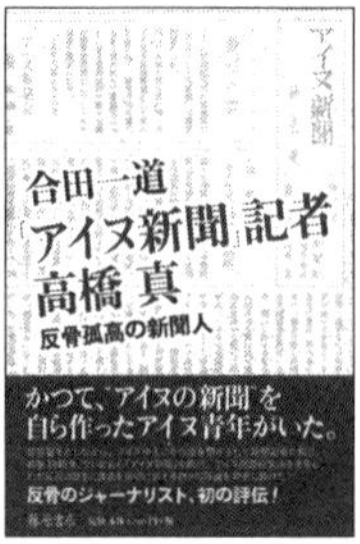

精神科医と教育研究者の魂の対話

ひとなる
（ちがう・かかわる・かわる）

大田　堯（教育研究者）
山本昌知（精神科医）

教育とは何かを、「いのち」の視点から考え続けてきた大田堯と、「こらーる岡山」で、患者主体の精神医療を実践してきた山本昌知。いのちの本質に向き合ってきた二人が、人が誕生して、成長してゆく中で、何が大切なことかを徹底して語り合う奇蹟の記録。

B6変上製　二八八頁　二二〇〇円
（二〇一六年九月刊）
◇978-4-86578-089-5

「生きる」ことは「学ぶ」こと

百歳の遺言
（いのちから「教育」を考える）

大田堯＋中村桂子

生命（いのち）の視点から教育を考えてきた大田堯さんと、四十億年の生きものの歴史から、生命・人間・自然の大切さを学びとってきた中村桂子さん。教育が「上から下へ教えさとす」ことから「自発的な学びを助ける」ことへ、「ひとづくり」ではなく「ひとなる」を目指すことに希望を託す。

B6変上製　一四四頁　一五〇〇円
（二〇一八年三月刊）
◇978-4-86578-167-0

「常民」の主体性をいかにして作るか？

地域に根ざす民衆文化の創造
（「常民大学」の総合的研究）

北田耕也監修　地域文化研究会編

後藤総一郎により一九七〇年代後半に信州で始まり、市民が自主的に学び民衆文化を創造する場となってきた「常民大学」。明治以降の自主的な学習運動を源流とし、各地で行なわれた「常民大学」の実践を丹念に記録し、社会教育史上の意義を位置づける。　カラー口絵四頁

飯澤文夫／飯塚哲子／石川修一／上田幸夫／胡子裕道／小田富英／北田耕也／草野滋之／久保田宏／佐藤一子／東海林照一／新藤浩伸／杉浦ちなみ／杉本仁／相馬直美／田所祐史／穂積健児／堀本暁洋／松本順子／村松玄太／山﨑功

A5上製　五七六頁　八八〇〇円
（二〇一六年一〇月刊）
◇978-4-86578-095-6

子どもの苦しさに耳をかたむける

子どもを可能性としてみる

丸木政臣

学級崩壊、いじめ、不登校、ひきこもり、はては傷害や殺人まで、子どもをめぐる痛ましい事件が相次ぐ中、半世紀以上も学校教師として、現場で一人ひとりの子どもの声の根っこに耳を傾ける姿勢を貫いてきた著者が、問題解決を急がず、まず状況の本質を捉えようと説く。

四六上製　二二四頁　一九〇〇円
（二〇〇四年一〇月刊）
◇978-4-89434-412-2

戦後歌謡界を代表する作曲家の素顔

不滅の遠藤実

橋本五郎・いではく・長田暁二編

「高校三年生」「星影のワルツ」「くちなしの花」「せんせい」「北国の春」など、生涯に五千曲以上を作曲し、戦後日本を代表する歌手を育てた遠藤実。歌謡界初の文化功労者に選出され、没後には国民栄誉賞を受賞するなど、ますます評価が高まる遠藤実の全貌を、生涯、人間像、歌謡界における業績、そして多くの関係者の証言から描く。**口絵一頁**

◎七回忌記念　愛蔵決定版

A5上製　三一二頁　**二八〇〇円**
（二〇一四年一一月刊）
◇978-4-89434-998-8

子守唄は「いのちの讃歌」

別冊『環』⑩

子守唄よ、甦れ

〈巻頭詩〉子もりうた　松永伍一
〈鼎談〉子守唄は「いのちの讃歌」　松永伍一＋市川森一＋西舘好子
[子守唄とは何か]尾原昭夫／真鍋昌弘／鵜野祐介／北村薫／原荘介／林友男／佐藤四郎／宮崎和子／吹浦忠正
[子守唄はいのちの讃歌]松永伍一／加茂行昭／三好京三／上笙一郎／小林輝冶／もず唱平／藤田正／村上雅通／もり・けん
[子守唄の現在と未来]小林登／羽仁協子＋長谷川勝子／小林美智子／赤枝恒雄／高橋世織／中川志郎／西舘好子／ペマ・ギャルポ／春山ゆふ／ミネハハ＋新井信介／菅原三記／斎藤寿孝
[附]全国子守唄分布表（県別）

菊大並製　二五六頁　**二二〇〇円**
（二〇〇五年五月刊）
◇978-4-89434-451-8

ギターひき語り半世紀

男のララバイ

〈心ふれあう友へ〉

原　荘介

〝銀幕の天才〟の森繁久彌さん、「月光仮面」の川内康範さん、「七人の侍」の土屋嘉男さん、「上を向いて歩こう」の中村八大さん……大好きだった先輩たちとの出会いと別れ。男、荘介の壮大な……抒情歌。

【特別寄稿・私と子守唄】伊東弘泰／因幡晃／ジュディ・オング／香西かおり／斎藤寿孝／さとう宗幸／三遊亭鳳楽／西舘好子／服部克久／星由里子／森繁建／山谷初男／永井一顕

四六上製　三八四頁　**二八〇〇円**
（二〇一七年一一月刊）
◇978-4-86578-152-6

あなたの心の中に、青空はありますか?

「かもじや」のよしこちゃん

（忘れられた戦後浅草界隈）

西舘好子（日本ららばい協会理事長）

子ども時代をふり返ることは、未来に向かうこと。何もなかった戦後だったが、町は人情にあふれ、〝生活〟というものがあった。好奇心いっぱいのよしこちゃんが見た、町の記憶と歴史。子ども時代の大切さを謳う。**図版多数**

A5上製　二八八頁　**二四〇〇円**
（二〇二一年九月刊）
◇978-4-86578-321-6